本著作出版获得旅游管理国家级一流本科专业和新文科建设经费资助

生态理论视角下旅游目的地核心竞争力研究

SHENGTAI LILUN SHIJIAOXIA
LÜYOU MUDIDI HEXIN JINGZHENGLI YANJIU

徐 刚○著

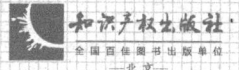

图书在版编目（CIP）数据

生态理论视角下旅游目的地核心竞争力研究／徐刚著.—北京：知识产权出版社，2023.4
ISBN 978-7-5130-8686-8

Ⅰ.①生… Ⅱ.①徐… Ⅲ.①旅游地—竞争力—研究—中国 Ⅳ.①F592.3

中国国家版本馆 CIP 数据核字（2023）第 030153 号

责任编辑：赵　昱　　　　　责任校对：潘凤越
文字编辑：赵　昱　　　　　责任印制：刘译文

生态理论视角下旅游目的地核心竞争力研究

徐　刚　著

出版发行：知识产权出版社有限责任公司		网　　址：http://www.ipph.cn	
社　　址：北京市海淀区气象路 50 号院		邮　　编：100081	
责编电话：010-82000860 转 8128		责编邮箱：zhaoyu@cnipr.com	
发行电话：010-82000860 转 8101/8102		发行传真：010-82000893/82005070/82000270	
印　　刷：北京建宏印刷有限公司		经　　销：新华书店、各大网上书店及相关专业书店	
开　　本：880mm×1230mm　1/32		印　　张：6.375	
版　　次：2023 年 4 月第 1 版		印　　次：2023 年 4 月第 1 次印刷	
字　　数：200 千字		定　　价：48.00 元	
ISBN 978-7-5130-8686-8			

出版权专有　　侵权必究
如有印装质量问题，本社负责调换。

自 序

弹指一挥间，距离博士毕业已经五年，重新打开当初博士论文，感慨万千。五年的时间，我国旅游理论和旅游产业都发生了深刻的变化，但论文研究的旅游目的地间的竞争力，特别是核心竞争力问题还是学术界绕不开的话题。得益于本人就职单位贵州大学旅游与文化产业学院的大力支持，今天重提笔完善论文，出版此书。基于本人五年来对我国旅游产业实践的考察和学术思想积累，本次出版在原论文的基础上作了以下几个方面的完善：一是围绕旅游目的地核心竞争力影响因素收集面板数据，将原文2011—2015年的数据扩充为2011—2020年的数据，使得数据更充分，论证更科学；二是在对策部分，增加了国土空间背景下旅游项目建设用地问题的一些思考；三是在文献收集部分，增加了2018年以来与本研究有关联的重要参考文献，为研究提供更为坚实的理论基础。为使读者能更为清晰地了解阅读脉络，在此呈现本书的主要内容。

旅游竞争力是旅游目的地发展的核心问题。关于旅游竞争力的研究，过去主要是通过构建数理模型和指标体系来进行定量分析，其研究对象主要集中在纳入国家层面旅游经济监测的重点城市和省区市，研究的目的在于竞争主体的排序进位，然而，关于旅游目的地核心竞争力的研究却较少涉足。因此，本书结合旅游目的地旅游资源特色，并契合旅游竞争力范畴中的生态因素，以旅游产业投入/产出效率为导向，对该旅游目的地核心竞争力进行探讨。

中国旅游经济发展存在巨大的地域差别，贵州由于地理区位等因素长期处于欠开发、欠发达状态，然而，正是因为欠开发才保住了绿水青山等原生态资源。在建设生态文明成为共识的新常态下，该旅游目的地如何将自己的生态资源优势转化成旅游核心竞争优势，就成为旅游目的地旅游经济发展面临的迫切问题。

从本书研究的目标来看，本书以旅游产业投入／产出效率为导向，探讨旅游目的地核心竞争力的理论构架；从本书研究的思路来看，是围绕旅游竞争中的生态要素，按照竞争—竞争力—旅游竞争力—旅游核心竞争力的基本逻辑展开，并以旅游目的地核心竞争力影响因素体系为基础，结合生态优势，构建旅游核心竞争力评价体系与模型；从本书研究的脉络来看，笔者基于生态理论视角，结合贵州生态旅游资源优势，构建旅游目的地核心竞争力实证分析模式；从本书研究的对策来看，笔者以贵州旅游目的地生态环境保护为切入点，讨论旅游目的地核心竞争力要素优化途径。

本书共分四个部分。第一部分为选题缘起及基本理论探讨。选题缘起方面，首先分析了本书的研究背景和研究意义，其次介绍了本书的研究内容和理论框架，梳理了本书的研究思路和研究方法，最后指出本书的创新之处与不足。基本理论方面，界定了基本概念：旅游目的地、竞争力、核心竞争力、旅游目的地核心竞争力和生态。在此基础上探讨本书涉及的基本理论：生态理论、比较优势理论、竞争优势理论、目的地管理理论。

第二部分为理论分析。首先，在评价传统旅游竞争力研究范式的基础上，从投入、需求以及目的地管理三个维度构建分析旅游核心竞争力影响因素，并分析旅游核心竞争力的作用机理。其次，在梳理传统核心竞争力评价方法的基础上，构建了数据包络分析（DEA）数理模型。最后，根据本书研究目标，在参考生态文明指标和旅游目的地竞争力评价指标的基础上，通过指标筛选、部分指标权重赋值等步骤，构建符合数据包络分析方法要求的投入指标、产出指标及潜在指标体系。

第三部分为实证分析。首先，从贵州旅游产业发展基础、资源存量和阶段定位三个方面分析贵州旅游产业发展进程。其次，依据旅游目的地竞争会随着目的地间距离增加而减弱的旅游经济规律，选择贵州及周边省区市（云南、湖南、四川、广西、重庆）作为评价单元，从宏观环境和旅游统计数据方面把贵州与周边五省区市作了全面比较。再次，运用前面论证的DEA方法，分析贵州与周边五省区市的一般效率、超级DEA效率、产出不足与投入冗余，得出贵州旅游产业效率相对较高的结论。从产出上看，贵州不存在产出不足的问题；从投入上看，2011—2020年贵州旅游从业人员、A级景区和生态指数（省级以上自然保护区、森林公园等聚合指标）一直表现为投入不足，也进一步印证了贵州旅游目的地效率较高。在固定资产投资方面，贵州多年表现为投资冗余。最后，从两个方面印证分析了上述结论，一是从影响投入与产出关系的环保投入、突发事件等因素出发，运用Tobit回归模型印证了结论；二是从旅游者、当地社区居民和旅游开发经营企业的生态意识、生态责任等方面分析了结果产生的契合效度。

第四部分为对策建议。根据实证分析结论，按照资源开发—产品体系构建—要素保障的逻辑，首先，根据生态指标所指向的生态环境保护，从宏观上构建了严格法律法规、创新技术手段、多元化的利益主体协同模式等，并从旅游者、当地社区居民和旅游开发经营企业出发具体化了生态环境保护措施。其次，依据贵州旅游产品投入不足，提出构建贵州以A级景区（特别是AAAAA级）为龙头的旅游精品产品体系。最后，提出了贵州人力资源与资本要素优化的具体措施。

本书在研究过程中的可能创新之处如下:

第一,基于生态理论视角的旅游目的地核心竞争力分析框架的构建与生态要素的凸显。根据研究目标,本书在分析旅游经济投入时,将生态理论分析与具体旅游经济效率研究结合起来,注重生态经济要素对旅游经济产出的贡献,聚合出旅游经济投入指标,侧重生态指标对旅游经济的影响,构建生态理论视角下的旅游目的地核心竞争力理论框架。

第二,静态数据包络分析的动态改进与运用。通过梳理相关文献发现,过去关于 DEA 理论大多是对决策单元(DMU)进行静态评价,很少将理论的投入与产出比值进行动态化处理,因此,本书在 DEA 理论静态指标的基础上,结合静态指标反映的动态规律,以贵州及周边五省区市为样本,动态分析评价单位 2011—2020 年旅游竞争力变化趋势,重点研究生态指标所呈现的旅游目的地核心竞争力,分析旅游目的地核心竞争力即生态竞争力。

第三,Tobit 模型和问卷调查对 DEA 实证结果的印证分析。DEA 计量分析了旅游产业投入和产出的比例关系,从影响投入和产出关系的因素以及相关利用主体的生态责任、生态意识和生态形象调查分析,印证了 DEA 实证结果。

修改完初稿,看看窗外,才忽然意识到贵阳已是初冬,回想五年前在南湖边上"挣扎"着写论文,这几年的人生经历和大家都在经历的疫情,心情很是复杂。但抬头一想,生活还得继续,自己的努力对家庭、就职单位等也许还有价值,不敢选择"躺平",不管是教书育人还是学术研究,尽力而为就好。

徐刚

虎年初冬于阅湖

目 录

绪 论 …………………………………………………… 1
  第一节 研究背景和研究意义 ………………………… 2
  第二节 研究内容和研究理论框架 …………………… 12
  第三节 研究思路和研究方法 ………………………… 15
  第四节 研究创新与研究不足 ………………………… 18

第一章 基本概念与相关理论 ………………………… 20
  第一节 基本概念 ……………………………………… 20
  第二节 相关理论 ……………………………………… 35

第二章 旅游目的地核心竞争力理论构架 …………… 54
  第一节 传统旅游目的地核心竞争力研究范式 …… 54
  第二节 旅游目的地核心竞争力决定因素分析 …… 63
  第三节 旅游目的地核心竞争力模型构建 ………… 76

第三章 旅游目的地核心竞争力评价方法与模型 …… 83
  第一节 核心竞争力评价方法分析 …………………… 83
  第二节 数据包络分析方法模型 ……………………… 89
  第三节 核心竞争力评价指标 ………………………… 103

第四章 贵州旅游目的地核心竞争力实证研究 ……… 116
  第一节 贵州旅游目的地发展进程分析 …………… 116
  第二节 效率分析 ……………………………………… 127
  第三节 影响因素印证分析 …………………………… 145

第五章　贵州旅游目的地核心竞争力提升路径 ………… 154
　第一节　生态环境保护与产品升级 ………… 154
　第二节　贵州旅游目的地核心竞争力要素优化 ………… 170
结论与展望 ………… 175
附　录 ………… 177
　一、旅游企业生态责任、生态形象和生态意识
　　　调查问卷 ………… 177
　二、社区居民生态责任和生态意识调查问卷 ………… 180
　三、旅游者生态评价调查问卷 ………… 182
参考文献 ………… 185

绪　论

　　每个特定旅游目的地都不可能在旅游竞争力系统中占据全部优势，结合旅游目的地独特优势，挖掘旅游目的地核心竞争优势是发挥旅游目的地旅游长板效应的必由之路。旅游目的地竞争力表现在反比例关系的旅游要素投入与旅游产出之间的关系中，即能以较少的旅游要素投入获得较高的旅游产出，则表明该旅游目的地具有较强的竞争力。旅游投入和旅游产出都是客观要素，除此之外，具有主观属性的旅游目的地竞争力影响因素也是影响旅游目的地竞争力的关键；具有客观属性的旅游目的地环境是影响旅游目的地竞争力的核心要素。在旅游竞争力的影响因素中，具有独特性和不易复制性的生态环境资源优势是贵州旅游核心竞争力的源泉，贵州的旅游核心竞争力就是其生态竞争力。为了有效促进旅游目的地的持续健康发展，深入研究基于生态优势的旅游目的地核心竞争力及其提升措施，就成为旅游发展过程中一个重要的课题。但目前关于旅游目的地核心竞争力提升及其措施的研究还比较欠缺，因此，本书的研究填补了这方面的空白。

第一节 研究背景和研究意义

一、研究背景

(一) 国际旅游市场竞争加剧

改革开放以来,旅游业在深层次的业态变革中获得了长足发展。从旅游经济数字来看,1980—2016年,全世界国际游客从2.78亿人次增长到了12.38亿人次。根据世界旅游组织(UNWTO)统计,2016年全球旅游业总收入超过1.6万亿美元,比重超过全球GDP的10%。旅游业发展迅猛在发达国家表现得尤其突出,如美国2002年的国内旅游人次达到11.27亿人次,相当于每个美国公民年均出游4次。❶ 2008—2009年受国际金融危机影响,全球旅游人数和收入双双放缓,但2010年很快复苏到金融危机之前的最高水平。2020年1月8日,世界旅游城市联合会(WTCF)与中国社会科学院旅游研究中心在京共同发布了《世界旅游经济趋势报告(2020)》(以下简称"报告")。根据报告,2019年全球旅游总人次(包括国内旅游人次和入境旅游人次)为123.1亿人次,较上年增长4.6%;全球旅游总收入(包括国内旅游收入和入境旅游收入)为5.8万亿美元,相当于全球GDP的6.7%。鉴于此,全球很多国家都将旅游业作为战略性支柱产业,积极主动寻求旅游产业发展的新机制和新动力,采取措施提升各自旅游目的地的吸引力和竞争力。在国家层面旅游目的地竞争日益加剧的国际背景下,我国政府依托人文旅

---

❶ 叶全良,丁枢. 旅游经济学[M]. 北京:旅游教育出版社,2010:48.

游资源优势和自然生态资源优势，出台了一系列助推旅游发展的措施。2009年12月，国务院印发《国务院关于加快发展旅游业的意见》（国发〔2009〕41号），将旅游业定位为国民经济的战略性支柱产业，要求把旅游业发展成为人民群众更加满意的现代服务业。2013年2月2日，国务院印发《国民旅游休闲纲要（2013—2020年）》，从保障国民旅游休闲时间、改善国民旅游休闲环境、推进国民休闲基础设施建设、加强国民旅游休闲产品开发与活动组织、完善国民旅游休闲公共服务、提升国民旅游休闲服务质量等方面，为中国未来旅游业的发展做了全面部署。2013年4月25日，第十二届全国人大常委会第二次会议通过的《中华人民共和国旅游法》，将过去部门规章的制度设计提高到了人大立法的层面，这有助于整体行业规范有序健康发展、消费者权益的全面保障，进而提升国民出游率。2014年，国务院确定优化旅游发展软硬环境等三项措施，以促进中国旅游业的发展。2015年8月11日，国务院办公厅印发《关于进一步促进旅游投资和消费的若干意见》，提出：旅游业是我国经济社会发展的综合性产业，是国民经济和现代服务业的重要组成部分，通过改革创新促进投资和消费，对于推动现代服务业发展，增加就业和居民收入，提升人民生活品质，具有重要意义。2020年10月，党的十九届五中全会通过的《中共中央关于制定国民经济和社会发展第十四个五年规划和二〇三五年远景目标的建议》明确提出，"推动文化和旅游融合发展，建设一批富有文化底蕴的世界级旅游景区和度假区，打造一批文化特色鲜明的国家级旅游休闲城市和街区，发展红色旅游和乡村旅游"，文化和旅游融合发展，打造世界级和国家级的旅游目的地，成为"十四五"规划中重要的一环。基于对国际旅游发展趋势的研判，为有效应对国际旅游业的激烈竞争，如何提升以生态竞争力为核心的旅游竞争力,科学布局旅游发展战略,真正将旅游资源比较优势转换成产品优势,进而使我国旅游从国内走向国际,实现旅游大国向国际化旅游强国的转变,就成为各界亟待深入研究的重要问题。

(二)国内旅游目的地竞争日趋激烈

本书所指的国内旅游目的地市场,指省际旅游目的地市场。从产业融合的角度看,旅游业对国民经济其他产业具有极大的综合带动作用,因此,各省区市都高度重视旅游产业的发展。"十二五"规划中,全国有超过半数的省区市将旅游业确立为优先发展的支柱性产业或重点产业。"十三五"规划中更是把旅游业作为战略性支柱产业来培育。然而,在旅游供给市场和旅游需求市场,我国旅游业省级旅游目的地之间发展极不平衡,竞争日益剧烈并且差距不断拉大。

从旅游供给侧来看,随着旅游市场化过程的深入,一些旅游目的地的旅游产品已经出现明显过剩的情况,而旅游产业自身结构的刚性以及市场变化认识的迟滞使我国旅游产业供给调整节奏缓慢,出现了区域旅游产业结构趋同与微观企业利润普遍下降的局面。❶ 与此同时,在全域旅游发展背景下,随着旅游业竞争逐步从旅游景区(景点)竞争、旅游线路竞争、旅游城市竞争过渡到区域竞争,出现了旅游要素重组、旅游结构调整的情况。值得注意的是,区域之间的竞争会直接或间接地影响区域内部竞争,进而在区域内部弱化竞争力,形成区域内外恶性循环的局面,进一步拉大旅游目的地间的竞争态势。从旅游需求侧来看,现代旅游出现了大众化、多元化趋势,体验性、

---

❶ 张梦. 区域旅游业竞争力:二维度分析模型[J]. 旅游科学,2006(5).

文化性旅游产品相比传统观光型旅游产品更具有市场竞争力。按照游客旅游需求不同产生的旅游市场细分，随着深刻的业态变革不断深入，新兴业态的产品越来越受到市场的追捧，旅游目的地之间竞争格局的"重新洗牌"就不可避免。鉴于此，为应对旅游市场的激烈竞争，如何更好地发展旅游产业参与竞争？如何使旅游目的地旅游产业在竞争中获得和保持核心竞争优势？采取什么样的升级发展措施来提升旅游核心竞争力？这些问题都是本书的研究内容。

（三）生态旅游蓬勃发展

回归自然、放松心情是人类的本能需求。随着经济的发展和城市化进程的加快，有些城市交通拥挤、空气浑浊、居民心情压抑，他们自然倾向于选择外出旅游。人类生态诉求与日俱增，生态旅游作为旅游业的主流板块呈现出快速发展的趋势，年增长率达到25%～30%。2009年，国家旅游局（今文化和旅游部）将当年主题定为"中国生态旅游年"，口号为"走进绿色旅游、感受生态文明"。生态旅游成为人类回归大自然的必然趋势，即走近大自然生态环境中去体验、探索和旅游观光，享受轻松、清爽的自然风光。而要实现自然生态系统的良性运转，无论是生态旅游经营者还是生态旅游者，甚至包括取得旅游经济溢出效应的当地社区居民，都应该建立有效的保护机制保护生态环境免遭破坏。这就是说，只有在旅游和环境保护形成良性互动时，发展过程中守住生态底线，生态旅游才能显示其应有的价值。

生态旅游对区域经济的发展可能表现出外部经济性和外部不经济性。从生态旅游的外部不经济性来看，规划不合理或过度开发会导致旅游景区自然环境的破坏。在一些地区，过度的商业性旅游开发导致建筑性污染。比如，一些景区建筑设计为了迎合部分人的猎奇心理而庸俗怪异；缆车索道线路设计破坏森林资源；景区景点建筑体量过大，色彩与自然环境不协调等。这些不合适的建筑不仅破坏了景区景点幽美的意境，而且也影响了自然环境的整体协调性。另外，生态旅游开发和运营中所产生的"三废"物质，通常没有经过处理就直接排放，对景区的生态环境造成了严重的负面影响。极端的旅游开发甚至会对自然环境造成不可逆的损伤。从经济结构布局上看，在一个具体区域内，如果过分依赖生态旅游，则会导致当地产业结构的不平衡，造成区域经济发展的脆弱性和不稳定性，对区域经济的持续健康发展构成一定的负面影响。因此，生态旅游对区域经济的发展有时也会表现出外部不经济性。

综上所述，破解生态旅游的外部不经济性，采取合理机制和措施发挥生态旅游的外部经济性就成为区域旅游经济发展不可回避的重大问题。

（四）旅游新业态不断涌现

我国旅游产业正由粗放型转向集约型发展，由关注规模扩张向扩大规模和提升效益并重转变，由重视经济功能向发挥综合功能转变。在此转变过程中，旅游业态创新是必然的趋势。新业态的多元化是社会进步、时代发展、经济发展和科技进步共同作用的结果。目前，众多各具特色的旅游新业态的涌现，不仅是当前旅游业发展走向成熟的标志，同时也是进一步推动我国旅游业发展和整个社会和谐进步的必然要求。我国旅游产业由最初的创收外汇的经济功能定位，到后来旅游只是少数人享受得起的"高大上"，再到今天旅游成为普通老百姓日常生活中的"小确幸"，旅游需求的大众化和常态化不断催生着旅游业本身的创新和变革。旅游业态的更新实际上就是旅游行业不断满足游客新需求，不断开辟精细市场产品的过程。尤其是以信息化为导向的业态创新更是引起了各个层面的高度重视。2015年1月10日，国家旅游局（今文化和旅游部）印发《关于促进智慧旅游发展的指导意见》，提出智慧旅游是游客市场需求与现代信息技术驱动旅游业创新发展的新动力和新趋势，是全面提升旅游业发展水平、促进旅游业转型升级、提高旅游满意度的重要抓手。适应新的旅游需求的业态创新只有起点没有终点，是一个"永远在路上"的过程，新的业态必然要求旅游产品转型升级。

大众旅游在全世界范围内蓬勃发展，特别是以自然生态为核心的生态旅游、乡村旅游等吸引着大量的人群从城市涌向农村。旅游业的外部不经济性已经聚集到了一定程度，以单纯获取经济利益为目的的旅游增长方式，导致旅游区环境日益恶化，以消耗自然与人文环境为依托的旅游产品的连续性和整体性引起了行业的关注。传统的旅游学虽然也关注了环境保护问题，并将环保纳入旅游规划，但都只是将环境保护作为一种目的，是一种"头痛医头，脚痛医脚"的做法，还没有找到一种从更深层次上解决生态环境保护的开发模式。

基于此，旅游产品转型升级走向何方，什么样的开发手段才能开发出适应新业态的旅游产品，如何走出粗放型旅游模式进而增强旅游经济竞争力？此等问题就成为本书研究的重点内容。

（五）生态文明日益深入人心

2012年召开的中国共产党第十八次全国代表大会，强调了大力推进生态文明建设的战略性地位，会议报告提出将"美丽中国"作为建设生态文明的具体目标之一。2015年9月21日，中共中央、国务院印发《生态文明体制改革总体方案》，明确了我国生态文明体制改革的指导思想、政策理念、基本原则、发展目标和保障体系，提出从制度上完善生态文明顶层设计。2022年1月17日，习近平主席在2022年世界经济论坛视频会议演讲时指出，中国将坚定不移推进生态文明建设。中国坚持绿水青山就是金山银山的理念，推动山水林田湖草沙一体化保护和系统治理。随着生态理论的科学化和系统化，"生态"发展理念逐步深入人心，生态文明建设已成为全社会发展中具有全局性、前瞻性、战略性的共同目标，注重人与自然和谐发展的生态理念正逐渐成为人们的普遍共识和自觉行动。

旅游产业在人与自身、人与自然、人与人以及人与社会的和谐中具有较强的黏合作用，旅游产业在人与自然和谐发展中具有强烈的生态导向功能。因此，旅游业在生态文明建设过程中，应该摒弃过去单纯追求经济利益的传统价值观，转而树立一种旅游生态发展价值观。任何旅游目的地的行政部门，在关注旅游经济发展的同时，更应关注旅游业社会价值和环境价值，注重人的旅游需求的全面满足，以及旅游与自然、社会环境的和谐共生发展。为此，在有效提升旅游目的地竞争力的同时，注重旅游产业的可持续发展的实现，也就成为实现旅游业与自然、社会环境和谐共生的理性选择。完善发展旅游产业能够充分挖掘和保护旅游资源，以生态保护为动力的内生型发展动力能够避免旅游资源的破坏，有助于减少旅游活动对旅游目的地自然环境的破坏，真正给游客一个山清水秀、清新自然的生态环境，促进人与自然的和谐。因此，从生态视角审视旅游目的地旅游产业竞争力就成为实现我国社会主义生态文明建设的现实需要。

综上所述，从国内外竞争态势、生态旅游发展趋势、旅游业态的不断创新和我国生态文明建设战略等现实背景来看，我国旅游产业既迎来了前所未有的发展机遇，又面临着众多复杂的挑战。基于生态优势的旅游目的地竞争力提升就成为旅游目的地的必然选择。然而，理论研究的相对滞后往往容易导致实践操作的盲目和失误，难以实现旅游目的地旅游产业的健康发展。正是在这种背景下，本书以贵州为例，研究旅游目的地选择什么样的发展战略措施来参与竞争，并提出提升贵州旅游核心竞争力的若干战略性建议。

二、研究意义

旅游目的地核心竞争力在新的历史背景下已经引起人们的广泛关注和重视，但相关研究并不系统和深入。尽管针对旅游目的地核心竞争力有些零星的探讨，但基于生态理论的旅游核心竞争力却至今未见系统研究。旅游目的地核心竞争力及其动机机制培育不是因为难以把握就可以回避不谈的问题。自工业文明以来的经济发展实践证明，关涉生态问题的任何产业发展如果走"先污染后治理"的老路必将付出惨痛的代价。旅游业曾经被认为是"零污染"产业，但实践证明，这种认为旅游业是"零污染"产业的论调不过是为受经济利益驱使而不顾生态环境破坏的短视经济行为大唱赞歌罢了。基于上述实践的迫切要求和理论研究的不足，本书着眼于这一具有战略性、创新性的课题，在吸收、借鉴国内外相关理论的基础上，旨在厘清旅游目的地核心竞争力的内涵外延，全面阐述旅游竞争力和旅游核心竞争力的对偶关系，沿着理论框架—模型构建—实证分析，重点分析旅游要素投入与旅游产业的关系及影响产出结果的因素。因此，探讨旅游目的地竞争力的核心要素，打造旅游目的地的核心竞争力具有重要的理论价值和积极的现实意义。

（一）为提升旅游目的地核心竞争力提供理论依据

目前，在学术界对旅游目的地核心竞争力是什么、核心竞争力怎样量化和反映、影响因子有哪些，以及评价旅游核心竞争力的客观标准、旅游目的地核心竞争力提升对策等一系列问题尚待厘清，且正处于探索阶段的旅游目的地核心竞争力建设实践，迫切需要理论上的支持和引导。本书试图在理论上充实和拓展现有研究的深度和广度，进一步完善旅游核心竞争力理论，并将其应用于旅游目的地竞争力领域。本书通过旅游目的地产业投入因素和产出因素的数据包络分析，及其以此为依据的指标体系分析，深入解读二者的逻辑关系，将旅游核心竞争力作为引领旅游竞争力的逻辑基点，着力寻找旅游核心竞争力中生态因素对旅游竞争力的作用及其结果，通过提升核心竞争力进而提升旅游竞争力。

(二) 为旅游竞争力提升中的核心着力点指明方向

旅游竞争力提升是一个庞大的系统工程，学者可以从不同的侧面提出不同的发展战略。但是，旅游目的地的旅游竞争力提升对策和实施还必须从旅游目的地的具体情况出发，在不同阶段实施不同的发展对策。因此。本书基于生态优势的旅游核心竞争力研究，从当前的实际情况出发，在厘清旅游目的地资源存量、旅游产业发展成熟度、经济社会环境、地理交通条件等影响旅游目的地发展方方面面的基础上，根据旅游要素投入和旅游产出之间关系，定位旅游目的地核心竞争力提升对策。同时，论证旅游目的地核心竞争力全面提升动力机制这个庞杂的系统是个十分困难的事情。基于此，本书试图以提升旅游产业竞争力为目的，在梳理理论构架后，依据相邻旅游目的地竞争随着距离增加而减弱的规律，在科学评价贵州及其周边五省区市旅游资源存量的基础上，对旅游目的地竞争态势进行科学的研判，进而抓住提升贵州旅游竞争力的核心着力点——生态竞争力。首先，在资源开发阶段提出了生态化开发，强调旅游开发必须以保护生态为前提，提出生态化开发既是目的更是手段，构建以 A 级景区建设为核心的旅游精品产品体系；其次，在旅游竞争力中确定贵州旅游的核心竞争力是生态竞争力，在生态理论指导下，分析旅游产业要素投入与产出的关系，指明贵州旅游核心竞争力的方向；再次，在产品体系构建环节，将产品精品化理论具体化到贵州旅游发展战略目标中，力使贵州旅游产业站在一个较高的高度；最后，在对策建议上，依据影响因素，从旅游者、当地社区和旅游开发经营企业的生态责任培育、生态意识强化和生态形象塑造等方面提出具体的措施。

(三) 为旅游目的地发展提供对策

任何理论都必须回应现实经济发展的需要，理论必须联系实践，旅游竞争力动力提升机制也不例外。本书找准三个环节的主要着力点——资源环境、产品和相关利益主体，都必须有具体的手段。其一，在资源环境生态化开发环节，从生态法治、资金投入和技术创新等方面将生态化战略具体化；其二，在精品产品体系构建环节，结合贵州目前 100 个旅游景区建设和推进旅游产业化实践，运用旅游精品标准构建贵州旅游精品体系；其三，在利益相关者方面，从相关主体生态责任强化、生态意识培育和生态形象塑造等方面优化了生态环境影响因素。必须指出的是，基于生态优势的旅游核心竞争力问题，其竞争力动力提升机制涉及许多领域，本书的研究属于抛砖引玉，期望引起同行的关注。

第二节 研究内容和研究理论框架

一、研究内容

本书共分四个部分。第一部分为选题缘起及基本理论探讨，即本书的绪论部分和第一章。绪论首先分析本书的选题背景和研究意义，其次介绍本书的研究内容和理论框架，梳理本书的研究思路和研究方法，最后指出本书的创新之处与不足。第一章，界定基本概念：旅游目的地、竞争力、核心竞争力、旅游目的地核心竞争力和生态。在此基础上探讨本书涉及的基本理论：生态理论、比较优势理论、竞争优势理论、目的地管理理论和旅游竞争力理论。

第二部分为理论分析，即第二章和第三章，首先，在评价过去旅游竞争力研究范式的基础上，从投入、需求以及目的地管理三个维度构建分析旅游核心竞争力影响因素，并分析旅游核心竞争力的作用机理。其次，在梳理传统核心竞争力评价方法的基础上，构建数据包络分析（DEA）数理模型。最后，根据本研究目标，在参考生态文明指标和旅游目的地竞争力评价指标的基础上，通过指标筛选、部分指标权重赋值等步骤，构建符合DEA方法要求的投入指标、产出指标及潜在指标体系。

第三部分为实证分析，即第四章。首先，从贵州旅游产业发展基础、资源存量和阶段定位三个方面分析贵州旅游产业发展进程。其次，从宏观环境和旅游统计数据方面把贵州与周边五省区市作全面比较。再次，运用前面论证的DEA方法，分析贵州与周边五省区市的一般效率、超级DEA效率、产出不足与投入冗余，得出结论：贵州旅游产业效率相对较高。从产出上看，贵州不存在产出不足的问题；从投入上看，2011—2020年贵州旅游从业人员、A级景区和生态指数（省级以上自然保护区、森林公园等聚合指标）一直表现为投入不足，也进一步印证了贵州旅游目的地效率较高。在固定资产投资方面，贵州多年表现为投资冗余。最后，从两个方面印证分析了上述结论，一是从影响投入与产出关系的环保投入、突发事件等因素出发，运用Tobit回归模型印证了结论。二是从旅游者、当地社区居民和旅游开发经营企业的生态意识、生态责任等方面分析了结果产生的契合效度。

第四部分为对策建议，即第五章，根据实证分析结论，按照资源开发—产品体系构建—要素保障的逻辑。首先，根据生态指标所指向的生态环境保护，从宏观上构建起包括严格环保执法法规、创新技术手段以及创新多元化的利益主体协同模式等方面的环境保护对策，并从旅游者、当地社区居民和旅游开发经营企业出发具象化生态环境保护措施。其次，依据贵州旅游产品投入不足，提出构建贵州以A级景区（特别是AAAAA级）为龙头的旅游精品产品体系。最后，提出贵州人力资源和资本两个要素优化的具体措施。

最后是结论与展望，总结全书的研究结论，指出后续研究的方向。

二、理论框架

全书遵循理论与实践相结合的基本逻辑，以提升旅游竞争力为目的，探讨旅游目的地核心竞争力及其动力机制问题。其中，主要涉及的理论有：生态理论、旅游目的地理论、旅游竞争力理论和DEA理论。其基本的理论逻辑是：竞争—竞争力—旅游竞争力—旅游核心竞争力。首先，界定基本概念：旅游目的地、竞争力、核心竞争力、旅游目的地核心竞争力和生态，并辨析上述基本概念的关系。其次，在回顾传统竞争力分析范式的基础上，从投入维度、目的地管理维度和需求维度分析旅游竞争力呈现的旅游效率决定因素，在生态理论指导下，聚合生态指标。再次，在分析过去常用竞争力评价方法的基础上，引入 DEA 综合评价方法，通过模型构建、指标选取、指标标准化处理和计量运算，得出实证结论，为后面对策分析提供基础。最后，根据实证分析结果，提出贵州旅游目的地核心竞争力提升的对策。

关于生态理论，它主要用于指导从旅游竞争力影响因素体系中选取核心竞争力影响因素。这种核心竞争力影响因素主要是在生态理论基础上发展出来的生态文明理论及其标准的指导下选取出来的，称为生态指标，以此为核心逻辑纽带构建生态竞争力理论并进行实证研究。紧扣生态竞争力的提升提出对策，增强对策措施的针对性和有效性。

关于数据包络分析，主要利用其投入指标和产出指标的关系，对评价单元作动态化研究，同时从旅游目的地管理角度出发，通过大量问卷调查研究，从旅游者、当地社区居民和旅游开发经营企业三个利益关涉主体考量，运用数据包络分析的衍生方法 Tobit 模型，从生态责任、生态态度和生态形象塑造方面，提炼投入衍生产出过程中的影响因素，测量影响因素对投入／产出的影响效度。

第三节 研究思路和研究方法

一、研究思路

旅游目的地竞争力的研究历来是备受学界和业界关注的问题，其研究硕果累累。随着旅游产业的发展，特别是核心竞争优势的不断凸显和新兴业态的不断涌现，过去成果中的提升对策已经不再适应新的发展形势，尤其是旅游竞争力的核心着力点没有得到足够的重视，因此，新形势下的旅游核心竞争力研究就显得颇为迫切。当前涉及我国旅游目的地核心竞争力的研究还比较少，新业态形势下的旅游核心竞争力研究还没有引起实践者和理论界的重视，相对旅游发展的新阶段显得滞后，特别是结合特定旅游目的地的旅游核心竞争力研究极少。因此，本书着眼于这一战略性、前瞻性、创新性的课题，以提升生态优势形成的核心竞争力的旅游竞争力为目的，分析旅游竞争力的投入产出关系，并从核心竞争力凝聚的视角研究旅游目的地核心竞争力，从贵州旅游实际情况出发，系统深入研究贵州旅游发展战略中两个核心战略要点：生态环境保护与产品导向的精品途径、人力资源和资本等要素投入的优化，对每个战略都从新业态形势下进行新的解读并提出系统的对应措施，具有重要的理论价值和积极的现实意义。

本书的研究思路结构，如图 0 - 1 所示。本书的核心内容是提升以生态优势为核心竞争力的旅游竞争力，论述旅游目的地核心竞争力理论框架和实证设计。行文按照竞争—竞争力—核心竞争力—旅游核心竞争力的逻辑展开。全书的基本脉络是分析影响旅游目的地竞争力的投入和产出因素，搭建理论架构，以此为基础在生态理论指导下构建旅游目的地核心竞争力影响因素指标体系后进行综合评价,再将评价模型结合评价单元实际进行实证分析。最终,根据实证结论并进行结果验证,提出对策,从评价单元排位以及内部产出不足分析、投入冗余分析,提出生态环境资源优化及资源产品化、人力资源和资本投入优化的对策措施。

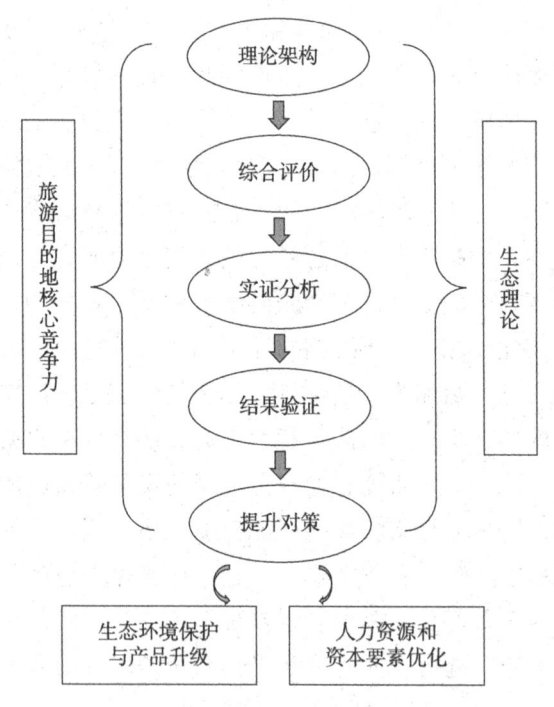

图0-1 本书思路结构示意图

二、研究方法

(一)定性分析与定量分析相结合的方法

为准确分析旅游目的地核心竞争力的内涵、影响因素以及二者之间的对偶关系，本书注重定量研究和定性研究的结合。定量研究方面，一是在充分梳理相关研究的基础上，运用DEA方法研究旅游核心竞争力的投入与产出要素，总结样本评价单位旅游核心竞争力的动态变化规律。二是从影响投入与产出关系的因素出发，运用Tobit回归模型分析和调查数据印证了结论。定性研究方面，一是在评价对象选择上，将贵州与周边省区市进行横向比较，在数据选取上，选取了2011—2020年的相关指标进行纵向比较研究。二是从旅游者、当地社区居民和旅游开发经营企业的生态意识、生态责任等方面分析结果产生的契合效度。

(二) 规范研究和实证分析相结合的方法

本书以规范研究的方法系统全面地探讨生态理论视角下旅游目的地核心竞争力问题。在旅游竞争力中着重探讨生态要素所呈现的旅游核心竞争力。同时，在旅游竞争力理论框架下，力图从理论上说明影响旅游核心竞争力的关键因素，以期为旅游核心竞争力影响指标选取提供依据。在实证研究方面，本书始终以贵州及其周边省区市为样本单位来讨论旅游核心竞争力提升问题。首先，以影响旅游竞争力的投入与产出关系为纽带，从影响旅游竞争力的投入与产出指标出发，一般性探讨旅游竞争力理论；其次，以影响旅游投入与产出比值关系的因素为基础构建旅游目的地竞争力影响指标体系，用DEA动态效率模型对上述指标进行推演；最后，紧扣生态线索，以提高旅游目的地核心竞争力为目的，提出对策措施：生态环境优化与开发、旅游精品产品体系构建以及相关利益主体生态责任强化、生态意识培育和生态形象塑造等。

(三) 理论分析与对策研究相结合的方法

本书对生态理论、旅游目的地理论、旅游竞争力理论、

DEA 理论等进行深入思考,梳理上述理论的发展脉络,论述生态理论视角下旅游目的地核心竞争力,将静态 DEA 方法作动态处理,并衍生 Tobit 模型方法,丰富 DEA 理论。在理论分析和实证研究的基础上,本书提出的贵州旅游目的地核心竞争力提升对策具有积极的现实意义。

第四节　研究创新与研究不足

一、研究创新

第一,基于生态理论视角的旅游目的地核心竞争力分析框架与生态要素的凸显。根据本书研究目标,在分析旅游经济投入时,将生态理论分析与具体旅游经济效率研究结合起来,注重生态经济要素对旅游经济产出的贡献,聚合出旅游经济投入指标,侧重生态指标对旅游经济的影响,构建生态理论视角下的旅游目的地核心竞争力理论框架。

第二,静态 DEA 的动态改进与运用。通过梳理相关文献发现,过去关于 DEA 理论大多是对决策单元(DMU)进行静态评价,很少将 DEA 理论的投入与产出比值进行动态化处理,因此,本书在 DEA 理论静态指标的基础上,结合静态指标反映的动态规律,以贵州及周边五省区市为样本,动态分析评价单位 2011—2020 年旅游竞争力变化趋势,重点研究生态指标所呈现的旅游目的地核心竞争力,分析旅游目的地核心竞争力即生态竞争力。

第三,Tobit 模型和问卷调查对 DEA 实证结果的印证分析。DEA 计量分析了旅游产业投入和产出的比例关系,从影响投入和产出关系的因素以及相关利用主体的生态责任、生态意识和生态形象调查分析，印证了 DEA 实证结果。

二、研究不足之处

旅游目的地的核心竞争力问题，从实践到理论都是一个极其复杂的系统性问题。在理论上，涉及生态学、管理学、经济学等学科相关理论，客观上需要综合运用多学科研究方法进行复合研究。然而，由于笔者知识储备和理论素养有限，加之学术界在新形势下研究成果较少，本书尚有以下不足。

第一，研究内容有待深化。在研究范围上，本书试图以贵州为例，依据旅游目的地竞争随着目的地间距离的增加而减弱的旅游经济规律，在研究范围上主要将贵州与周边省区市进行比较，但由于旅游竞争力研究内容复杂性，研究范围具有可延展性，理论阐述和实践论证还应有更为广泛的论述。

第二，定量分析略显不足。尽管本书是在定性分析的基础上，充分利用现有相关数据资料进行定量分析，运用 DEA 模型系统分析了由投入与产出比值呈现的旅游目的地核心竞争力。但旅游经济系统投入与产出要素的复杂性决定了研究旅游目的地核心竞争力问题不可能面面俱到，虽然本书试图在众多复杂的投入与产出要素中提取核心要素，尤其是生态核心要素，但由于获取数据面的缺失，造成本书在研究中可能还存在投入与产出要素并没有被标注和研究。

第一章 基本概念与相关理论

旅游目的地核心竞争力是一个较为复杂的问题,涉及多个领域,对旅游目的地核心竞争力的研究必然会触及多学科理论。当前,有关竞争力和核心竞争力的概念和理论已较为丰富,这些也是本书研究的理论基础。本章着重梳理和阐述与旅游目的地核心竞争力相关的基本概念和理论。

第一节 基本概念

一、概念界定

(一)旅游目的地

从学理上来讲,旅游目的地应该伴随旅游的产生而产生,旅游与旅游目的地具有相伴性,因此,旅游目的地的概念必然会随着人们对旅游的认识和旅游空间的扩张而不断变化。旅游目的地概念从提出到现在已有较长时间,但目前人们对旅游目的地的认识依然未能统一。综观旅游目的地的概念,可以将其归纳为以下几类:

一是从地理空间角度给出的定义。早期,人们更多的是从地理空间角度定义旅游目的地,认为旅游目的地应该是一个明确的地理空间,旅游目的地可以是一个城市,也可以是一个岛

屿，还可以是一个国家。❶

二是从操作层面给出的定义。鉴于从地理空间角度对旅游目的地定义的局限性，为便于旅游管理实务操作，国际旅游组织于2002年12月6日在马德里年会上，讨论达成有关具有操作性的区域旅游目的地的定义。该定义从地理空间和管理维度对旅游目的地概念进行规范，认为旅游目的地是能够支撑旅游者至少停留一夜的地理空间。为确保旅游者能够在目的地停留一夜，目的地需要具备相应数量的旅游吸引物，同时还要能够提供旅游者所需的服务。旅游目的地具备独立的自我管理能力，是一个独立的管理单位，有着自身的管理目标和市场形象定位。此外，该定义还强调通过相互联合目的地与相连目的地可以形成更大的目的地。相应地，规模大的旅游目的地也能够分成多个规模较小的旅游目的地。可见，从操作层面而言，旅游目的地在空间上必须具备一定的规模，足以支撑旅游者停留一夜的旅游活动，同时旅游目的地要具有独立性，能独立行使管理职能。

三是从系统角度给出的定义。从系统角度定义，强调旅游目的地是一个由多个子系统构成的综合系统，其功能的发挥有赖于内部各组成部分的相互作用。古恩（Gunn）指出，旅游目的地就是旅游者在旅游活动过程中所创造的所有消费经历，如旅游信息咨询、景观欣赏、旅游住宿、旅游交通等旅游服务的有机空间集合体。❷ 巫宁认为旅游目的地是一个复杂的有机体。

---

❶ 钟行明，喻学才．国外旅游目的地研究综述——基于Tourism Management近10年文章［J］．旅游科学，2005（3）：1-9.

❷ GUNN C. A. Tourism Planning ［M］．2nd ed. New York：Taylor and Francis, 1988.

就旅游者来说，旅游目的地既是基于一定地域空间的自然环境、社会经济、人文历史的综合体，又是能够提供旅游功能的具有相互关联的一系列企业或部门的系统集合。❶ 李莉叶基于复杂性理论，认为旅游目的地是一个具有复合性功能的复杂整体系统。❷

四是从满足旅游者需求的角度给出的定义。从根本上来讲，旅游目的地是伴随旅游活动的产生而形成的，旅游者在旅游目的地的形成过程中具有重要的影响，因此，从满足旅游者需求的角度对旅游目的地进行定义不可避免地会占据重要位置。莱珀（Leiper）从满足旅游者需求的角度，认为旅游目的地是要具有特定吸引物，并且能够让旅游者增加游览经历和增长见识的地方。❸ 皮尔斯（Pearce）指出，旅游目的地是由能够满足旅游者多种需求的旅游服务设施和旅游景观构成的地域综合体，并且其对旅游者的吸引力能够超出一定的空间距离限制。❹ 在国内，钟行明等研究指出，旅游目的地是设计用来满足旅游者各种需求的各种设施和服务的集合体。❺ 此外，罗明义等从旅游者需求满足的角度，指出其功能不仅包含直接旅游服务（旅游六要素提供），还包括间接旅游服务（如医疗保健、城市公共服

---

❶ 巫宁. 信息传播：旅游目的地营销与服务的关键环节 [J]. 旅游学刊，2007（10）：67 – 69.

❷ 李莉叶. 基于复杂性理论的旅游目的地核心竞争力研究——以云南旅游目的地为例 [D]. 昆明：云南大学，2013.

❸ LEIPER N. Tourism Attraction System [J]. Annals of Tourism Research, 1990, 17 (3): 367 – 384.

❹ PEARCE D. Competitive Destination Analysis in Southeast Asia [J]. Journal of Travel Research, 1997, 35 (4): 16 – 24.

❺ 钟行明，喻学才. 国外旅游目的地研究综述——基于 Tourism Management 近 10 年文章 [J]. 旅游科学，2005 (3)：1 – 9.

务、金融汇兑、信息咨询、海关出入境等内容)。❶

随着人们对旅游认识的加深,学者们意识到旅游目的地带有感知色彩,可以是一个知觉的概念。持上述看法的主要代表有布哈里斯(Buhalis)、库珀(Cooper)和墨菲(Murphy)等。布哈里斯认为通过营销,人们可以感知到某一旅游目的地作为独立实体的存在。❷库珀认为旅游目的地是一个旅游者主观性的感官概念。❸墨菲等将旅游目的地比作集市,是一个能为旅游者带来旅游体验和满足旅游者需求的场所。❹

虽然目前人们对旅游目的地的理解并没有统一,但依然可以明晰旅游目的地的基本特征。(1)旅游目的地的出现是以旅游者活动为指向的,没有旅游者的到来,旅游目的地便无从谈起,因此,旅游者是否前往(认同)是旅游目的地得以存在的根本。(2)为使旅游者前往,旅游目的地必须具备吸引旅游者的要素(旅游资源),相对于其他地区而言,这些能够吸引旅游者前往的要素便是本地区成为旅游目的地的核心竞争力表现之一。(3)为满足旅游者的综合需求,旅游目的地应具备综合的服务功能,因此,区域类各种服务设施、各类服务人员、管理配套以及区域环境各子系统必须相互配合、协调统一。(4)旅游目

---

❶ 罗明义,毛剑梅. 旅游服务贸易——理论·政策·实务[M]. 昆明:云南大学出版社,2007.

❷ BUHALIS D. Marketing the Competitive Destination of the Future [J]. Tourism Management, 2000, 21 (1): 97 – 116.

❸ COOPER M. Tourism Planning and Education in Vietnam: A Profile 1995 – 2010 [J]. Pacific Tourism Review, 1997, 1 (1): 57 – 63.

❹ MURPHY P, PRITCHARD M P, SMITH B. The Destination Product and Its Impact on Traveller Perceptions [J]. Tourism Management, 2000, 21 (1): 43 – 52.

的地是一个相对明确的空间区域,虽然其可以小到一个具体景区(景点),大到一个国家或者洲,但相对于旅游者而言,其必然具有一个区别于其他目的地的区域形象,同时要有相应的管理机构。综上所述,旅游目的地是客体性、区域性、旅游者需求性以及形象性相结合的一个综合性的概念。旅游目的地是联结旅游主体需求和旅游客体价值的桥梁,因此,足够的旅游吸引力是旅游目的地得以触发旅游者需求,并前往的重要前提条件。此外,旅游目的地还应具有一定的旅游服务设施,以确保旅游者活动的实现,并在这一过程中树立自身形象。所以,旅游目的地可理解为具备足够的吸引力,能够吸引旅游者前往,通过各旅游服务要素配置,能够满足旅游者特定需求的空间。需要指出的是,旅游目的地对空间大小并没有明确限定,只强调对旅游者需求的满足情况。虽然从操作层面上将满足游客停留一夜作为限定,但停留一夜与空间大小并没有必然联系。因此,对目的地在空间范围限定上,最为关键的是旅游形象、独立的管理和协调机构,故从国内管理和形象的角度来看,旅游目的地更适合于具体景区(景点)和行政管理范围内的行政区域目的地,如村、乡(镇)、县、省等。所以,把省一级地域确定为旅游目的地研究对象,符合旅游目的地内涵与外延的要求。

(二)竞争力

竞争是自然界适者生存、优胜劣汰的不变法则,竞争同样存在于人类社会的方方面面,渗入人类生产生活的各领域,如工商、军事、政治、体育等。当前,人们对竞争的认识不断深入,对于竞争的研究成果也不断丰富,然而学术界对竞争力的概念并未形成统一。竞争的根源在于资源的稀缺性,竞争主体的主要目的是获得其所需的生存空间和资源。因此,有关竞争力的理论最早可以追溯到亚当·斯密（Adam Smith）《国富论》中通过劳动分工提高生产率，以扩大市场占有率的相关论述。大卫·李嘉图（David Ricardo）在其《政治经济学》一书中提出比较优势理论，指出由于各国自然资源、气候条件、劳动力以及资本等生产要素存在差异，导致从他国进口而非自主生产某类产品，而一些国家或地区自身拥有有别于其他国家或地区的贸易优势或独特资源，具有能长期保持繁荣发展的竞争能力。该理论经后人归纳提炼，发展为资源优势理论。此后，阿尔弗雷德·马歇尔（Alfred Marshall）、安蒂思·潘罗斯（Edith Penrose）和G. B. 理查德森（G. B. Richardson）等有关企业内部成长、知识积累和组织协调方面的研究，进一步丰富了竞争力理论。而首次完整提出竞争力词汇的是迈克尔·波特（Michael Porter）教授，他提出了国家竞争力的概念，并且认为分析一个国家竞争力应从企业和产业的角度进行，亦即一个国家竞争力的大小是由该国企业和产业的竞争优势决定的。迈克尔·波特并未对竞争力这一概念作出解释，也没有给出明确的定义，但是他的三部经典著作《竞争战略》《竞争优势》《国家竞争优势》标志着竞争力理论最终形成，其提出的产业五力竞争模型、H种竞争战略以及基于价值链的竞争优势为认识竞争力提供了全新的视角和思路。针对竞争力概念不清的情况，世界经济论坛（WEF）将竞争力定义为"能够创造更多财富的能力"。巴克利（Buckley）等认为竞争力是相对和动态的概念，是潜力转化为业绩的过程。[1] 瑞士洛桑国际管理发展学院（IMD）和世界

---

[1] BUCKLEY P J, PASS C, PRESCOTT. Measures of International Competitiveness: A Critical Survey [J]. Journal of Marketing Management, 1988, 4 (2): 175-200.

经济论坛则指出"竞争力=竞争力资产×竞争力过程",其中竞争力资产分为固有的资产(自然资源、生态环境、区位等),也包括创造的资产(如技术技能、基础设施等),竞争力过程则为把资产转变成经济结果。❶

综上可以看出,虽然现有的研究并没有给出统一的竞争力定义,但是竞争力实质上可以表述为一种比较生产能力,一般通过多层次、多方面比较而得出,并非局限于某一环节或某一方面上。其包含但不限于主体的职能活动或拥有的资源,并且竞争力是一个持续动态的比较能力,竞争主体可以通过提高规划水平和改善经营活动等途径对其进行提升。❷

(三)核心竞争力

核心竞争力作为竞争力的一种特殊形式,其也是竞争主体通过比较获得的一种能力。相较竞争力而言,核心竞争力是个体或群体等竞争主体在竞争过程中所展现出来的关键、特殊能力,该能力有助于竞争主体获得稳定、持续和带有决定性的竞争优势。核心竞争力可以来源于有形的实物形成,也可由无形的东西形成,既可以是一种文化(如企业文化),也可以是一种核心技术,还可以是一种全新的理念或先进的理念。值得一提的是,虽然核心竞争力可能由静态的资源形成,如地理区位、自然资源、生态环境等,但核心竞争力更多表现为一种综合性能力,其与竞争力一样也是由多种因素相互作用而形成的复杂

---

❶ 世界经济论坛(WEF). World Competitiveness [EB/OL]. http://www.weforum.org, 2006-03-26;洛桑国际管理开发学院(IMD). World Competitiveness [EB/OL]. http://www.imd.ch/research/centers/wcc, 2006-03-26.

❷ 邵革军. 旅游目的地的竞争力评价及其应用研究 [D]. 成都:西南交通大学, 2014.

系统，并且它并非一成不变，会随着外界及内部要素的变化而不断发展，而且核心竞争力比一般竞争力隐藏更深，难以识别和效仿，具有独特性，因此，对核心竞争力的测量也较为困难。核心竞争力作为难以复制和取代的、独特的竞争力，一旦获得，竞争主体便能在竞争中处于有利地位。个体或群体通过有效识别自身特有资源和能力，并通过一定方式不断使之强化和优化，便能获得比竞争对手更好的质量和效率，从而为其创造更大的效益和赢得竞争优势。核心竞争力的概念最早由加里·哈默尔（Gary Hamel）和 C. K. 普哈拉（C. K. Prahalad）提出，他们在发表于《哈佛商业评论》的文章《公司的核心竞争力》（"The Core Competence of the Corporation"）中明确指出，核心竞争力是企业持续竞争优势的来源，同时将企业核心竞争力分为三种类型：（1）技术创新能力，涉及企业生产、企业运输和企业营销等方面的技术优化能力；（2）质量保证能力，涉及人员培训、物流管理、生产管理等产品和服务保证能力；（3）市场沟通能力，涉及营销、品牌构建和管理、售后服务等客户关系建立与维系。同时，他们还指出，核心竞争力由资源、知识和能力共同构成，但是并非任何构成要素都能形成核心竞争力，而只有那些与竞争对手有明显异质性、难以取代和不易复制的资源、知识和能力才能形成真正的核心竞争力，同时，核心竞争力也是通过所拥有的具有核心价值的各类资源、技术和产品长期积累而形成的。伴随核心竞争力概念的提出，学界围绕核心竞争力和如何提升核心竞争力展开了广泛的讨论和研究，但他们研究的重点领域是企业的核心竞争力。

西方学者关于核心竞争力大致形成了两类观点，第一类观点认为核心竞争力包括企业生产能力、企业营销能力和企业研发能力或洞察能力、预见能力、技术能力、前线执行能力、管理过程能力;第二类观点认为企业核心竞争力是指能够体现企业特质、可持续和不可复制竞争力的信息和知识或者这些信息和知识组合而成的网络结构等。可见,核心竞争力与竞争力两者既存在紧密的联系又有着显著的差别。核心竞争力与竞争力是特殊与一般的关系,即核心竞争力作为竞争力的一种类型,是一种特殊的竞争力,竞争主体拥有竞争力但并不意味着其获得了核心竞争力。

(四)旅游目的地核心竞争力

与旅游目的地核心竞争力有关的概念主要有以下三类,即旅游目的地竞争力、旅游产业竞争力和旅游企业核心竞争力。综观旅游目的地核心竞争力的相关研究,其主要围绕旅游产品、旅游教育、旅游目的地、旅游企业等领域展开,取得了较为丰富的成果,其中以旅游企业核心竞争力、旅游产业核心竞争力和旅游目的地核心竞争力居多。从市场角度来看,旅游目的地核心竞争力就是能够生产和提供具有增值的旅游产品和服务,并维持其产品和服务在市场中的有利地位(Hassan,2000)。❶里奇(Ritchie)和克劳奇(Crouch)把旅游目的地核心竞争力定义为目的地管理旅游资产、旅游吸引力、旅游可进入性,并将它们整合形成一个社会经济模式,以创造价值增值从而增加地区财富的持续能力。❷ 博尔达斯(Bordas)认为目的地核心竞争力是由目的地所拥有的每一个资源所决定的,其中最强的是旅游资源的组合,目的地最具市场吸引力的景区(景点)是各

---

❶ HASSAN S S. Determinants of Market Competitiveness in an Environmentally Sustainable Tourism Industry[J]. Journal of Travel Research,2000,38(3):239-245.

❷ RITCHIE J R B, CROUCH G I. The Competitiveness Destination: A Sustainability Perspective[J]. Tourism Management,2000,21(1):1-7.

种资源组合的功能。❶ 里奇等将旅游目的地核心竞争力定义为："为到访游客提供满意而难忘的旅游经历，吸引更多游客来访，提高社区居民的收入水平，并维护好基于代际公平的自然能力。"❷ 德·豪特塞尔（D'Hauteserre）从市场竞争视角认为"旅游目的地竞争力是指随着时间的流逝，一个旅游目的地能够在维持基础上提高其市场地位和份额的能力"❸。布哈里斯认为，旅游目的地竞争力不仅包括旅游资源的可持续发展能力，还应保证该目的地获得持续优势并使其他利益相关者均衡地获得回报的能力。❹ 可见，国外学者对旅游竞争力定义突出表现在市场领域的扩展性，同时兼顾了旅游竞争力所依托的旅游资源的可持续性。阚如良等将旅游目的地核心竞争力界定为整合目的地内部要素，并使目的地获得一项或者多项具有明显竞争优势，从而能成为该领域一流水平的能力。❺ 伍进认为旅游目的地核心竞争力是由资源吸引力、制度管理能力、环境能力、开发能力等要素构成，其具有整合性、价值性、动态性和独特性等特

---

❶ BORDAS E. Competitiveness of Tourist Destinations in Long Distance Markets [J]. The Tourist Review, 1994, 4 (3): 3 – 9.

❷ RITCHIE J R B, CROUCH G I. The Competitive Destination: A Sustainable Tourism Perspective [M]. Cambridge: CABI Publishing, 2005.

❸ D'HAUTESERRE A M. Lesson in Managed Destination Competitiveness the Case of Foxwoods Casino Resort [J]. Tourism Management, 2000, 21 (1): 23 – 32.

❹ BUHALIS D. Marketing the Competitive Destination of the Future [J]. Tourism Management, 2000, 21 (1): 97 – 116.

❺ 阚如良，周银珍，郑宇飞，等. 转型期三峡旅游核心竞争力分析与发展对策 [J]. 三峡大学学报（人文社会科学版），2004 (5): 12 – 14.

征。❶ 邹家红等指出，旅游目的地核心竞争力是通过旅游资源、交通区位条件、旅游投入与形象、旅游客源市场以及旅游收入等旅游核心要素相互间的共同作用而形成的竞争能力。❷ 李维等提出以旅游资源为核心要素的旅游目的地核心竞争力观点，认为旅游资源为目的地的核心竞争力之本。❸ 宋章海认为旅游目的地核心竞争力是一个有机系统，是目的地能力的核心体现，是由主体核心竞争力、客体核心竞争力、媒体核心竞争力三个方面构成，即由旅游目的地吸引力、市场优势能力和服务要素构成。❹ 李莉叶将旅游目的地核心竞争力定义为一种自组织系统能力，即目的地系统内部协调、目的地系统内部与外部协调的能力。❺ 雷彬认为旅游目的地核心竞争力是目的地在创造经济、社会和生态价值的过程中，充分利用自然人文和生态环境等优势资源，通过有效规划、管理、运营，在与竞争对手竞争过程中培育出来的独特能力，该能力具有独特性而无法被竞争对手所复制，并能持续帮助目的地扩大公众影响力，创造出比竞争对

---

❶ 伍进. 旅游景区核心竞争力构建探析 [J]. 特区经济, 2006 (1): 210 – 211.

❷ 邹家红, 袁开国, 杨洪. 湖南旅游核心竞争力评价 [J]. 国土与自然资源研究, 2006 (3): 76 – 77.

❸ 李维, 杨燕, 曾克峰. 旅游目的地系统及其核心竞争力研究 [J]. 安徽农业科学, 2007 (26): 8320 – 8321.

❹ 宋章海. 试论旅游目的地核心竞争力的培育 [J]. 改革与战略, 2008 (8): 43 – 45.

❺ 李莉叶. 基于复杂性理论的旅游目的地核心竞争力研究——以云南旅游目的地为例 [D]. 昆明: 云南大学, 2013: 71.

手更多更好的经济价值、社会价值和生态价值。❶

因此,旅游目的地核心竞争力是一个多维度的复杂概念。旅游目的地核心竞争力会涉及竞争主体、竞争客体和竞争结果。影响旅游目的地核心竞争的因素有很多,包括旅游资源情况、旅游管理情况、旅游市场需求情况,等等。当然,旅游目的地核心竞争力具有相对性,其并非一成不变,不同时期同一旅游目的地的核心竞争力构成要素会有所变化,不同时期同一旅游目的地核心竞争力的大小也会有不同。因此,对旅游目的地核心竞争力的衡量不能只用单一指标,而要综合考虑到旅游目的地资源、环境、社会、管理等方面。❷旅游目的地核心竞争力集中体现在对旅游者旅游经历提升、社会和经济效益提高、利益相关者福利确保等方面。

综上所述,旅游目的地核心竞争力是指在可持续发展的基础上,旅游目的地通过为旅游者创造满意的旅游经历,为旅游目的地所在地带来经济和社会效益的能力。

(五) 生态

生态一词源于古希腊词语 oikos,其原意为"栖息地"或"家园、住所",即我们生活的环境,泛指人类赖以生存的大自然。接着人们在"oikos"后面又增加"logos"希腊文字字根演化出生态学(ecology),其中"oikos"表示住所,"logos"表示学问,故从字面上看,生态学乃为研究生物居住环境的科学。随后,德国生物学家海克尔(Haeckel)在《普通生物形态学》

---

❶ 雷彬. 价值链视角下地质公园核心竞争力研究——以湖北黄冈大别山国家地质公园为例 [D]. 武汉:中国地质大学(武汉),2016:37-38.

❷ 邵革军. 旅游目的地的竞争力评价及其应用研究 [D]. 成都:西南交通大学,2014.

一书中首次从学术角度对生态学（ecology）进行定义：生态学是研究生物体及其周边环境（生物环境与非生物环境）关系的学科。生态学定义出现之后，学者们分别从不同的研究视角和重点，相继给出了生态学的定义。如英国生态学家埃尔顿（Elton）提出了生态学属于科学的自然历史的论断；澳大利亚学者安德烈沃斯（Andrewartha）在动态研究种群的过程中，提出生态学是有关研究生物分布和多度的科学；美国学者奥德姆（Odum）指出生态学是研究生态系统结构和功能的科学。虽然学者们从不同角度给生态学以众多的定义，然而，这众多定义都指向生物体与环境以及生物体之间动态的相互关系。

自生态学引入我国后，我国生态研究发展很快，逐步形成一套完整的生态研究体系，已经基本实现与国际研究接轨。就目前而言，生态学研究已经涉及人类经济社会发展的各个领域，研究视野十分宽广，成为一个跨学科综合性学科。"生态"的范畴也变得越来越广，已由起初的研究生物个体环境，扩展到人类社会的方方面面，涉及自然生态、经济生态、社会生态、文化生态、政治生态等方面。当然，文化背景不同的人对"生态"的定义会有所差异，正如同自然界生态所追求的生物多样性一样。但是，生态所强调的"一切生物的生存状态，以及它们相互之间和它们与环境之间环环相扣的关系"之本意依然不应减弱。

二、旅游目的地核心竞争力与相关概念辨析

（一）旅游目的地核心竞争力与旅游目的地竞争力

旅游目的地核心竞争力与旅游目的地竞争力之间既有紧密的联系又有显著的区别。旅游目的地或多或少都会拥有竞争力，但并非一定拥有核心竞争力。一个连竞争力都没有的旅游目的

地,其核心竞争力更是无从谈起。当然,旅游目的地没有自己的核心竞争力,其竞争优势也不可能持续增强和提高。因此,旅游目的地核心竞争力与旅游目的地竞争力既表现为特殊与一般的关系,同时又具有超越关系。目的地竞争力是其核心竞争力得以形成的基础,只有不断提升和凝练旅游目的地竞争力才能形成旅游目的地核心竞争力。如果说具备竞争力是旅游目的地获得竞争优势的前提条件,那么核心竞争力就是旅游目的地持续竞争优势彰显的前提条件。

旅游目的地核心竞争力和竞争力的关系主要表现在以下方面:(1)旅游目的地核心竞争力是一种特殊的旅游目的地竞争力形式。旅游目的地竞争力是众多相互影响和共同作用要素的综合,这些要素中有些可能不可或缺,但影响可能并不是很大;有些要素可能会在特定时间内起到很大作用,但并不意味着这些要素不可或缺。(2)旅游目的地核心竞争力难以复制和模仿,不可或缺和不容易被取代,而旅游目的地竞争力容易模仿和复制。旅游目的地竞争力的形成较为容易,即便不具备绝对优势,在有比较优势的情况下也能形成一定的竞争力,但旅游目的地核心竞争力的培育就很难。(3)评估和识别旅游目的地核心竞争力较为困难,旅游目的地核心竞争力的取得条件十分苛刻。(4)旅游目的地核心竞争力能够给目的地带来更多价值增值,是旅游目的地赖以生存和发展的命脉,一旦拥有则意味着巨大的发展潜能和动力。❶

(二)旅游目的地核心竞争力与旅游资源

旅游资源作为目的地形成不可或缺的基础条件,其功效发

---

❶ 雷彬.价值链视角下地质公园核心竞争力研究——以湖北黄冈大别山国家地质公园为例[D].武汉:中国地质大学(武汉),2016.

挥的过程就是旅游目的地形成的过程。旅游资源吸引力越大，一定程度上也意味着旅游目的地的影响力也越大，旅游目的地的形成也会越快；旅游资源的规模越大、承载力越强，旅游目的地的规模也越大。可以说，没有旅游资源就不可能存在旅游目的地。不可否认，旅游资源尤其是独特而品位较高、吸引力强的旅游资源，是旅游目的地核心竞争优势的重要来源，但这并不是说旅游目的地只要拥有了旅游资源就一定能具备核心竞争力。通常而言，具有特色旅游资源，特别是在此基础上开发的特色旅游景区，旅游目的地便拥有了某种特殊吸引力。即便如此，也不能因此将旅游目的地特色资源等同于旅游目的地核心竞争力。在旅游目的地开发建设实务中，虽然旅游目的地拥有特色明显、知名度高的旅游资源就可以在市场营销和市场开拓方面具有极大的先天优势，但是旅游资源的整合开发在旅游目的地建设发展过程中的作用更为重要。旅游资源整合开发能力强，更能推出能够满足旅游市场需求的旅游产品，旅游目的地的核心竞争力就更突出。

（三）旅游目的地核心竞争力与生态

通常，旅游目的地的形成和发展离不开一定的自身生态环境，包括自然生态环境和人文社会生态环境，旅游目的地核心竞争力的形成和培育也是旅游目的地自身生态内部要素相互作用以及与外部生态之间互动的结果。就旅游目的地自身而言，其是一个包含"自然—社会—经济"要素的复合生态系统。旅游目的地系统所共同表现出来的和谐程度是吸引旅游者前往的主要动力，是旅游目的地核心竞争力得以形成的基础，系统内部各要素间的良性互动是旅游目的地核心竞争力得以持续存在和发展的根本。

同时，随着旅游目的地的发展，旅游目的地内部构成要素之间必然也会发生变化,其与客源地和其他旅游目的地的关系也会发生变化,持续有效的生态互动是不断推动目的地核心竞争力向更高级演化的动力。旅游目的地核心竞争力的可持续发展是旅游目的地带来经济效益、社会效益和生态效益的持续输出能力,是旅游目的地生态环境协调、平衡和可持续发展的重要体现。

第二节 相关理论

一、生态理论

(一)生态理论基本概述

将旅游目的地核心竞争力问题放在生态理论视角下进行考量,不可回避的一个问题就是厘清生态理论的发展脉络。但是,综观国内外关于生态理论的文献,生态理论是一个极其宏观的理论构架,在这个构架范围内比较成熟的理论有生态足迹理论、生态承载力理论。因此,生态理论视角下研究旅游目的地的核心竞争力就是要将宏观的生态理论具体化到生态足迹理论和生态承载力理论框架内进行探讨,从生态足迹理论和生态承载力理论中吸取营养,以生态正向演进为导向,借鉴和吸收生态正价值,实现生态与竞争的合理控制与发展。

竞争的负面效应是无序。旅游目的地核心竞争力的提升与优化必然与旅游目的地生态环境形成紧张的矛盾和张力,造成旅游产业的不可持续发展,造成生态与发展的对立。这种矛盾和对立的解决路径就是旅游目的地生态承载力的合理优化,让旅游目的地竞争力被控制在旅游目的地生态承载能力范围内。从某种意义上讲,与生态承载力紧密相关的量化方法和理论就是生态足迹理论,因此,研究旅游目的地核心竞争力不可避免地涉及生态足迹理论。

旅游生态足迹就是将生态足迹理论运用到旅游目的地的旅游产业发展中，考量旅游业开发和旅游者的旅游活动对生态环境的影响。关于生态足迹理论，国内外学者从不同的研究视角进行了研究，形成了丰富的理论成果。生态理论是个较为宏观的理论范畴。国外生态足迹理论研究成果整理见表1-1。

表1-1 国外生态足迹理论研究成果

年份	代表学者或机构	研究内容
2002	Colin Hunte	首次提出了旅游生态足迹的定义
2002	世界野生动物基金会英国办事处（WWF-UK）	对塞浦路斯（Cyprus）和马约卡岛（Majorca）休闲度假产品的生态足迹进行了比较分析
2003	Peter Allan Johnson	对加拿大安大略省的旅游生态足迹进行了定量分析，对安大略湖生态旅游资源的使用情况进行了研究
2004	M. Bagliani, Da Villa	对威尼斯旅游生态足迹进行了定量研究，指出旅游生态足迹是造成威尼斯城市生态足迹扩大的主要因素
2004	Michael Ireland	研究了康沃尔的旅游生态足迹和旅游生态承载力
2005	Trista Maj, Patterson	运用生态足迹分析方法研究了区域内居民和区域内旅游者对区域以及周边环境造成的压力
2010	Davis	利用生态足迹理论分析了土地空间和城市规划，并提出了土地利用规划和保护措施
2012	Yuan, Z J	基于未考虑耕地复种时计算耕地类生态足迹的缺陷，对生态足迹模型进行改进

资料来源：作者根据文献整理。

综观国外关于生态足迹的理论研究成果，其研究范式都是通过建立数学模型来计算生态足迹，在数据收集方面都是从具体的旅游目的地提取，结合案例进行实证分析，最后提出改进旅游目的地的对策和措施。这些研究成果，为深化生态足迹理论奠定了坚实的理论基础。但是，影响生态足迹的因素是极其复杂的，过于笼统地分析生态足迹的影响因子，难免陷入因宏观而无法精准把握的困境。分门别类地进行分析才是具体精准的有效路径。分门别类的方向，就是具体定位研究生态足迹的理论视角，把握生态足迹影响因子的主要和次要因素，找出造成生态足迹张力的原因，以期更加精准地分析生态足迹。本书在分析旅游竞争力时，基于竞争对生态造成的必然张力，选择了生态视角来研究旅游竞争力中的核心竞争力，以期更加有效地分析生态竞争力，丰富和拓展生态足迹理论。

国内生态足迹理论研究起始于西方，在引进西方生态足迹理论的基础上，结合了我国不同区域空间进行实证研究，其分析路径主要从具体区域提取静态指标，或应用或改进生态足迹理论模型进行分析。国内生态足迹理论研究成果见表1-2。

表1-2 国内生态足迹理论研究成果

空间层级	代表学者	研究内容	研究对象
国家空间	陈敏、刘建伟	运用生态足迹研究生态盈余与赤字的原因及对策	中国
省级空间	吴开亚、周丹	比较分析各省的生态足迹、生态承载力的优劣程度	安徽、海南、黑龙江、河北、湖北、新疆、陕西、山西、重庆等

续表

空间层级	代表学者	研究内容	研究对象
省级空间	胡正李、葛建平	比较分析城市人均生态足迹	北京、上海、天津、重庆
市级空间	杨振、王文国	具体指标影响下的市级生态足迹比较	洛阳
微小空间	胡海胜	具体计算生态足迹数值分析	庐山
微小空间	曹淑艳	核算城镇居民食品生态足迹	中国城镇居民食物消费

资料来源：作者根据文献整理。

综合分析国内外生态足迹理论可以发现，国际国内的生态足迹研究都是从宏观角度笼统分析，在导向性指标选择上都是包罗万象地选择静态指标，没有将指标来源从产业角度进行细分，这样研究的结果往往会因为数据过于庞杂而影响结果分析的有效性。基于此，在分析生态足迹时，将导致生态足迹盈余或赤字的原因性指标进行细分，从产业角度进行提取，将会是生态足迹深化研究的一条可能路径。

旅游产业是综合性极强的产业，可以说，有旅游活动的地方就必然关涉生态足迹。因此，从旅游产业出发分析旅游专项活动的生态足迹，即其成因或者是影响因子，应采取相应措施实现生态盈余来考虑生态足迹效应。旅游生态足迹细化理论研究，既深化了生态足迹理论研究，又是旅游发展中守住生态和发展客观现实的迫切需求。

(二) 生态理论对旅游目的地核心竞争力研究的启示

(1) 生态学作为研究生物有机体及其周边环境相互关系的学科，强调个体与个体之间、个体与整体之间以及个体与所处环境的互相关联影响。因此，若将旅游目的地作为一个大的生态系统的话，其内部构成如旅游者、旅游企业、政府部门、社区居民等都会对整个系统的运行产生影响，旅游目的地核心竞争力的形成必然也会受到上述构成的影响。同时，生态诉求已然成为人们外出旅游的最主要动机，生态优势成为旅游目的地吸引旅游者前往的重要手段，并且旅游活动中所引起的环境、资源等问题及其解决都与生态学息息相关，旅游目的地追求的生态效益已经越来越突出。

（2）旅游目的地旅游发展过程中各类活动都会涉及多种输入和输出。生态学中与生态系统构成要素有关方面的理论能够有效指导旅游目的地决策单元（Decision Making Unit，DMU）中有关生态投入和产出要素的输入和输出变量选取，如旅游目的地投入产出绩效分析中的投入要素就应包含生态环境要素（如省级以上湿地公园、省级以上森林公园、省级以上自然保护区等），影响分析中就应该考虑旅游目的地政府、旅游企业以及当地社区居民的生态管理内容［如森林覆盖率、空气质量达标到二级以上天数占全年比重、细颗粒物（PM2.5）年平均浓度、COD 排放量/GDP，SO_2 排放量/GDP 等］；旅游企业的生态意识、生态责任、生态形象；当地社区居民的生态意识和生态责任等。同样，在考虑产出要素时，应包含旅游者对目的地旅游产品的生态认同、旅游者对目的地生态体验的评价等。

（3）既然生态环境已成为旅游目的地吸引旅游者的重要手段，并且旅游活动开展也必然会对目的地生态环境带来影响，那么，在旅游目的地旅游开发过程中，生态环境保护、旅游资源的合理开发利用以及旅游活动废弃物资源化和能源化，是旅游目的地发展的必然出路。因此，应当运用生态学理论特别是环境生态学理论指导旅游目的地旅游发展，以规范目的地政府、企业和当地居民的行为,有效保护和可持续利用自然资源,加强生态环境污染防治、恢复生态系统等,促进旅游目的地持续保持核心竞争力。

二、比较优势理论

比较优势理论最早表现为绝对优势理论,后来经过要素禀赋理论和比较成本理论的充实丰富,而逐步形成完善的比较优势理论。

(一)绝对优势理论

绝对优势理论又可称作地域分工说和决定成本说,是由亚当·斯密创建的。绝对优势理论认为任何一个国家或地区都具有生产某种最适宜的商品的条件,该商品在生产过程中因具有较高的生产率或者成本较低而能够获得较高的收益。通过专业化生产这种最适宜的商品,并与其他国家进行交换不适宜生产的商品,则能实现双方互利共赢。该理论基于成本消耗和劳动分工,认识到通过劳动分工和贸易互通实现互利共赢。

(二)比较成本理论

在绝对优势理论的基础上,李嘉图进一步发展出比较成本理论,指出某个国家或地区不一定只能生产具有绝对优势的商品,而且可以集中资源生产具有相对优势的产品。比较优势理论强调一个国家或地区即使在没有绝对优势的情况下,也可以选择自己有相对优势的产业(产品)进行生产,通过贸易交换增加本国或地区的收益。如甲和乙两个国家或地区,在生产 X 产品方面,甲能够获得的收益要比乙高出 1/3,在生产 Y 产品方面,甲能够获得的收益要比乙高出 1/5。若按照绝对优势理论,则可以推断出乙既不适合生产 X 产品,也不适合生产 Y 产品,但是在比较成本理论视角下则会认为甲应该腾出资源集中生产 X 产品,乙则应该集中资源生产收益差距相对较小的 Y 产品。

（三）要素禀赋理论

要素禀赋理论也被称为赫克歇尔－俄林定理，该理论基于各国和地区要素分布，分析国家和地区适宜生产的商品类型。该理论的出发点是各国和地区在生产资源要素分布上并不是均等的，而会存在差异，有的生产资源要素相对贫瘠，有的则相对丰富，这不可避免地就造成生产要素价格方面存在差异。因此，对于那些具有生产某种产品丰富资源要素的国家和地区来说，应该集中力量生产该类产品，而应尽量减少生产那些缺乏资源要素的商品。虽然要素禀赋理论与比较成本理论具有较多的相似之处，都强调扬长避短，但要素禀赋理论是基于投入视角，而比较成本理论是基于产出角度。

（四）比较优势理论对旅游目的地核心竞争力的启示

通常，对于传统的旅游目的地而言，旅游资源禀赋是旅游目的地核心竞争力的一个重要依赖因素，如自然风光、生态环境、气候等。同时，旅游发展资源禀赋情况会决定一个国家和地区旅游发展的方式以及旅游产业发展的形式，特殊的旅游发展资源条件和地理区位正是旅游目的地拥有持续优势和能力的基础，该旅游发展资源既包括自然旅游资源，也包括人文旅游资源，还包括旅游目的地开发中投入的其他生产要素。当然，传统认为，旅游目的地核心竞争力形成于旅游资源，即旅游目的地旅游发展要依赖于吸引物。可见，比较优势理论在旅游目的地核心竞争力方面的一个重要应用就是突出旅游目的地资源禀赋，包含自然资源、人文资源和社会资源。因此，基于各个旅游目的地资源禀赋条件的不同，把比较优势理论用于分析旅游目的地核心竞争力是可行的。基于比较优势理论视角，旅游目的地在旅游发展过程中，应突出本地区相对于竞争对手所具有的优势资源的利用和维持，才能不断提升本地区旅游竞争力。

三、竞争优势理论

竞争优势理论最初由美国波特教授提出,并且根据其应用于具体对象还可以进一步分为企业竞争优势和国家竞争优势。

(一) 企业竞争优势

在企业竞争分析中,波特提出波特五力模型(如图1-1所示),认为一个企业在其所处行业中的竞争状况取决于五种竞争作用能力:买方还价能力、供给方讨价能力、潜在竞争者进入能力、替代品替代能力以及行业内竞争者现在的竞争能力,企业应根据竞争状态选择不同竞争战略。买方还价能力高意味着企业很可能会降低价格或者以非常不利的价格销售产品,从而减少产品销售利润;供给方讨价能力强则意味着企业很可能会以高价购买生产原材料,导致企业产品成本增加;潜在竞争者进入能力强则意味着企业未来将可能面临更为激烈的竞争;替代品替代能力强则会导致企业市场总量的减少;行业内竞争者现在的竞争能力强则会削弱企业的现有优势。

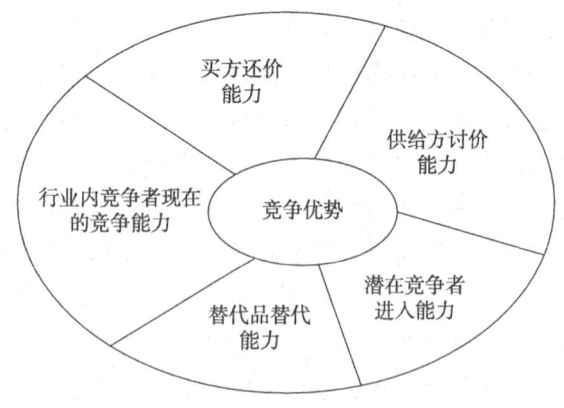

图1-1 波特五力模型

(二) 国家竞争优势

针对一国的产业国际竞争力,波特教授于 1990 年在《国家竞争优势》一书中首次提出国家竞争优势理论,强调一个国家(地区)形成竞争优势的有效途径在于通过创新提高优势产业的劳动生产率,以占据主导产业竞争优势。相对于比较优势理论而言,国家竞争优势理论的本质在于其突出管理因素在国家(地区)竞争力形成上的作用。这一理论产生了广泛而深刻的影响,为后来关涉竞争力的研究奠定了基础。同时,波特提出了竞争优势的钻石模型,该模型由四个基本决定要素和两个辅助要素组成。四个基本要素分别是:企业发展战略、内部结构和竞争,相关和支持产业,生产要素,需求状况。两个辅助因素是机会和政府,如图 1-2 所示。波特认为,在一个国家(地区)的众多产业中,最有可能在国际竞争中取胜的是国内经济四要素环境特别好的那些行业,四要素是一国产业国际竞争力最重要的来源。除国内经济四要素外,机会和政府两个变量也会对国家竞争优势产生重要的影响。这些要素相互影响、相互作用,共同构成一个动态的激励竞争环境,这些综合要素构成了一个国家的国际竞争力来源。

波特的竞争力钻石模型理论,为产业竞争力的研究提供了较为完整的分析框架,得到了学界的普遍认同。但是,也有学者指出其不足,认为他不够重视甚至是忽略了体制、宏观经济环境、国际资本流动、社会文化状况等因素。对于经济小国或者第三世界和发展中国家而言,它们的现存经济状况不具备波特钻石模型所要求的国内经济竞争环境,因此还不能完全用该模型来解释竞争力来源。因此,学者们不断深化和修正,将波特的钻石模型拓展为"双重钻石模型""新钻石模型""国际化钻石模型""九要素钻石模型"等。竞争优势理论得到不断发展

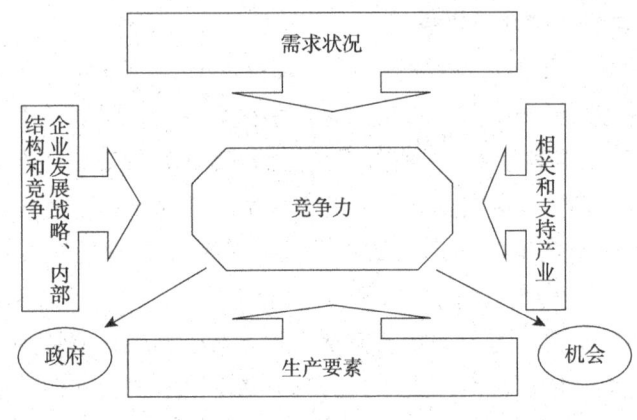

图1-2 波特钻石模型

和完善,为理解竞争行为、指导竞争行为提供了越来越完整的依据。

(三)竞争优势理论在旅游目的地核心竞争力中的应用

企业竞争优势理论既从企业生产经营的前向角度考量企业与消费者之间互动对企业竞争优势的影响,又考虑到企业竞争优势的形成与后向生产要素供给的相互作用,同时还要兼顾企业的竞争现状,因此,其对培养旅游企业核心竞争力具有重要的指导意义。对旅游目的地而言,旅游企业是构成旅游目的地核心竞争力的重要载体,其是旅游目的地核心竞争力影响要素的重要组成部分,所以,要提高旅游目的地核心竞争力必然离不开旅游企业竞争力的培育。同时,竞争优势理论突出管理要素和市场需求在竞争优势形成中的作用。一个旅游资源禀赋条件好的旅游目的地并非必然比旅游资源短缺的目的地具有更强的竞争力,还需综合考虑旅游目的地的管理水平和旅游需求情况。旅游目的地发展初期,旅游者通常是奔着宜人风景去的,多会把旅游目的地定位于山清水秀的地方,这与比较优势理论规律相符合。然而，伴随着旅游目的地的进一步发展和旅游投资的逐步增加，旅游目的地逐步走向成熟，旅游服务质量和水平、旅游管理水平以及旅游体验成为旅游目的地吸引更多旅游者前往的核心因素，例如香港、海南等时尚购物中心等，充分体现了竞争优势理论。在既有旅游资源的基础上，充分发挥旅游规划、策划管理、技术更新、人力资源等方面的优势，创新开发更多旅游者满意的旅游业态产品，通过提升目的地管理水平，不断优化旅游质量和服务，合理开发利用旅游资源，不断提高旅游目的地核心竞争力。

四、目的地管理理论

（一）目的地发展理论

旅游目的地是激发旅游者产生旅游活动动机并完成旅游活动的空间场所，其相对客源地而存在，是基于空间视野的旅游活动核心。关于旅游目的地的研究主要集中在旅游目的地形象、旅游目的地营销、旅游目的地品牌和旅游目的地治理与发展等领域。

1. 旅游目的地形象

旅游经济是印象经济，具有独特个性的旅游形象是其吸引力的关键。旅游目的地形象，是旅游目的地在游客主观感知中的综合印象，深刻影响旅游者选择旅游目的地的动机。20世纪70年代，旅游目的地形象研究以美国亨特（Hunt）的论文《形象作为旅游发展的元素》（"Image as a Factor in Tourism Development"）为起点，旅游目的地形象（Destination Image）正式进入学者们的研究视野。通过梳理文献发现，关于旅游目的地形象研究主要内容集中于旅游目的地形象内涵、影响因子、量化评价、作用机理等方面。

2. 旅游目的地营销

20世纪末21世纪初是旅游目的地营销研究成果的丰盛时期，比较有影响力的研究观点有：旅游目的地的营销信息系统中，信息需求主体是营销组织和旅游经销商，对上述需求主体的信息满足是确保其有效性的关键；❶ 市场营销决策者利用信息支持系统及时地收集储存信息、处理传播信息，对旅游市场作出预判与决策。❷

3. 旅游目的地品牌

旅游目的地品牌竞争，是旅游竞争发展的高级阶段。品牌能快速准确识别旅游目的地，避免旅游目的地之间同质化现象。21世纪以来，旅游目的地品牌研究得到重视，通过检索相关外文学术资源数据库，得出旅游目的地品牌研究的近期代表性观点有：通过对旅游业的统计得出旅游目的地品牌战略目标是塑造个性独特的旅游目的地形象，并通过管理、营销等手段提升旅游目的地竞争力；❸ 从实证分析角度出发提出了品牌资产模型，该模型以品牌模拟体验为核心包含了多维度的理论分析。❹

---

❶ WANG Y, YU Q, FESENMAIER D R. Defining the Virtual Tourist Community: Implications for Tourism Marketing [J]. Tourism Management, 2002, 23 (4): 407 – 417.

❷ WÖBER K W. Information Supply in Tourism Management by Marketing Decision Support Systems [J]. Tourism Management, 2003, 24 (3): 241 – 255.

❸ PARK S Y, PETRICK J F. Destinations' Perspectives of Branding [J]. Annals of Tourism Research, 2006, 33 (1): 262 – 265.

❹ BOOS S, BUSSER J, BALOGLU S. A Model of Customer—Based Brand Equity and its Application to Multiple Destinations [J]. Tourism Management, 2009, 30 (2): 219 – 231.

4. 旅游目的地治理与发展

治理是在洞察旅游目的地复杂性基础上优化治理模式的新范式，其主张各方利益相关主体共同参与经营管理，追求实现经济效益和社会效益的综合目标。国外旅游理论研究关注治理模式的主要成果有：安塞尔等（Ansell C，Gash A，2008）认为，协作治理模式是将公共行政部门和其他利益相关者统一到一个共识平台，以实现凝聚共识的治理，而这种治理模式借助网络技术，最终导向网络治理。❶博蒙特等（Beaumont N，Dredge D，2010）通过建立模型分析，总结了政府主导型、社区参与者主导型和产业机构主导型三种基本模式。❷

另外，旅游目的地游客管理（旅游目的地承载力）、旅游目的地定位研究、游客对旅游目的地忠诚度研究等，共同形成了旅游目的地多维度研究框架，如图1-3所示。

国内一些研究基本遵循旅游目的地多维度研究框架，把研究重心放在旅游目的地的产业创新问题上，安金明认为相对于新兴的旅游目的地，传统旅游目的地的创新尤其重要。❸钟艳等论述了旅游吸引力三层次和目的地创新发展的三阶段理论，认为应该从旅游的概念回归到经济的层面，相对于旅游吸引物，

---

❶ ANSELL C，GASH A. Collaborative Governance in Theory and Practice [J]. Journal of Public Administration and Theory，2008，18（4）：543-571.

❷ BEAUMONT N，DREDGE D. Local Tourism Governance：A Comparison of Three Network Approaches [J]. Journal of Sustainable Tourism，2010，18（1）：7-28.

❸ 安金明. 旅游目的地的创新集成模型研究 [J]. 武汉理工大学学报（交通科学与工程版），2005（6）：936-939.

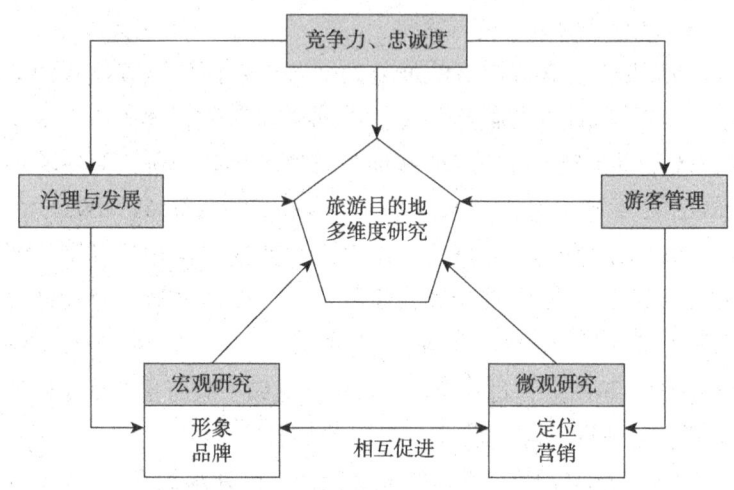

图1-3 旅游目的地多维度研究框架

资源也应该完成从资源性管理向资产性管理的跨越。❶

国内外旅游目的地研究的成果为本书提供了坚实的理论基础,尤其是旅游目的地竞争力理论研究更是本书的理论基石。但是,关于旅游目的地核心竞争力的研究鲜有提及,只有李莉叶从复杂性系统理论出发有所研究。然而,当前生态文明方兴未艾,人类生态诉求与日俱增,从生态理论视角下研究旅游目的地核心竞争力,就成为一个方向性的重要课题。

(二) 旅游竞争力理论

国外学者重视旅游竞争力的问题,发端于20世纪60年代。20世纪80年代,研究由集中于旅游资源的竞争,过渡到旅游客源市场竞争,最终过渡到旅游品牌形象竞争。从20世纪90年代开始,涌现大量关于旅游竞争力的研究成果。

---

❶ 钟艳,厉新建.旅游目的地竞争与吸引力创新分析[J].商业经济与管理,2006(11):77-80.

1. 旅游竞争力研究视角

旅游目的地竞争力的形成受若干因素的影响,国外学者从不同的角度出发探讨影响旅游目的地竞争力的因素。

(1) 可持续发展视角。里奇等从可持续发展视角出发,认为旅游目的地竞争力就是"……并维护好基于代际公平的自然能力"[1]。布哈里斯认为,"旅游目的地竞争力的影响因素还包括其旅游资源的持续发展能力"[2]。

(2) 供求视角。从经济常理看,旅游商品供给侧需要旅游目的地更好地提供优质商品和服务,这种服务能力也是影响目的地竞争力的关键因素。

2. 旅游竞争力要素研究

(1) 价格因素。戴雅(Dwyer)等认为,旅游消费价格是影响游客人数增减的重要因素,并应用价格竞争力指标对澳大利亚、美国、中国等国家和地区的19个旅游目的地竞争力变化进行测度和分析,指出旅游价格竞争力要考虑旅游客源市场和主要竞争对手的实际情况,同时要考虑国际货币汇率和价格的波动,其研究显示,国际货币汇率的波动和消费者对汇率波动的反应是价格竞争力发生波动的潜在影响因素。[3] 奥耶沃勒(Oye-

---

[1] RITCHIE J R B, CROUCH G I. The Competitive Destination: A Sustainability Perspective [J]. Tourism Management, 2000, 21 (1): 1 - 7.

[2] BUHALIS D. Marketing the Competitive Destination of Future [J]. Tourism Management, 2000, 21 (1): 97 - 116.

[3] DWYER L, FORSYTH P, RAO P. The Price Competitiveness of Travel and Tourism: A Comparison of 19 Destination [J]. Tourism Management, 2000, 21 (1): 9 - 22.

wole)提出,决定目的地旅游需求的主要因素是旅游消费价格。❶

(2)人力资源因素。萨迪(Sadi)等以东盟区域旅游业的发展为研究对象,提出重视旅游从业人员的职能技能培训,认为旅游人力资源发展是提升旅游目的地竞争力的关键因素。❷

(3)产业集群因素。霍金斯(Hawkins)探讨了在生态旅游区附近社区内,相关联的产业供应链是怎样被植入具有竞争的集群中。他还提出了竞争集群式系统的战略行动和服务,就像一个有效的生态供应链一样,集群优势是它的相对优势。❸

综上所述,上述研究主要讨论旅游竞争力的影响因子,一般都是结合具体案例进行定性研究。例如,莱珀认为,"影响一个旅游目的地发展态势的四要素是目的地区域容量、客源地市场、游览路径和旅游产业本身"❹。舍特勒(Schertler)等认为,"旅游竞争力可以通过信息构成、信息可达性、信息可信度以及

---

❶ OYEWOLE P. International Tourism Marketing in Africa: An Assessment of Price Competitiveness Using the Purchasing Power Parities of the ICP [J]. Journal of Travel & Tourism, 2004 (1): 3 - 17.

❷ SADI M A, BARTEL F L. Recent Developments in the Association of South East Asian Nations (Asean) Tourist Industry: Manpower Development, Training Issues and Competitiveness [J]. Competitveness Review, 1999, 9 (1): 19 - 29.

❸ HAWKINS D. A Protected Areas Ecoyourism Competitives Cluster Approach to Catalyse Biodiversity Conservation and Economic Growth in Bulgaria [J]. Journal of Sustainable Tourism, 2004 (3): 219 - 244.

❹ LEIPER N. The Framework of Tourism: Towards a Definition of Tourism, Tourist, and the Tourist Industry [J]. Annals of Tourism Research, 1979, 6 (4): 390 - 407.

传播路径来体现"❶。后来,一些学者又采用定量分析的研究方法,构建了一些旅游目的地竞争力理论模型。

国内关于旅游竞争力的表述与国外存在一定的区别。通常情况下,国内学者把旅游作为国民经济的一个产业来研究。旅游竞争力表述与"旅游业竞争力"或"旅游企业竞争力"混同使用。国内旅游竞争力研究主要是在吸收、借鉴国际旅游竞争力理论的基础上,从旅游企业、城市和国家等不同的空间尺度和不同视角对旅游竞争力的影响因子、旅游竞争力评价指标体系构建及旅游竞争力提升策略等方面进行理论探索和实践。

关于旅游竞争力因素的研究,我国学者主要是从国际旅游竞争力和区域旅游竞争力的视角,对旅游目的地竞争力影响要素进行研究。其中,比较有代表性的观点总结见表1-3。

郭鲁芳提出了国际竞争力的三个测度维度,即现存旅游竞争实力、潜在旅游竞争力以及将来旅游竞争的发展力。❷

苏伟忠等在借鉴和吸收国外旅游竞争力的基础上筛选出来旅游竞争力的影响因素主要包括以下方面:旅游需求、旅游环境、生产要素、旅游管理和决策能力。❸

杨勇构建旅游目的地二元竞争力模型,对文化因素对旅游目的地竞争力的影响的重要性和作用机理等方面进行研究,重

---

❶ SCHERTLER W, SCHINID B, TJOA A M, et al. Information and Communication Technologies in Tourism [M]. New York: Springer Verlag GmbH, 2010.

❷ 郭鲁芳. 关于我国旅游业国际竞争力的思考 [J]. 旅游科学, 2000 (2): 12-15.

❸ 苏伟忠, 杨英宝, 顾朝林. 城市旅游竞争力评价初探 [J]. 旅游学刊, 2003 (3): 39-42.

表1-3 国内外旅游竞争力影响因素研究代表性成果

年份	代表作者	研究视角	主要理论贡献	特点
2000	郭鲁芳	三个测度维度	现存旅游竞争实力、潜在旅游竞争力以及将来旅游竞争的发展力	注重竞争力的纵向维度分析
2003	苏伟忠、杨英宝、顾朝林	注重筛选主要影响因素	旅游需求、旅游环境、生产要素、旅游管理和决策能力	注重成果借鉴
2006	杨勇	文化视角	旅游目的地二元竞争力模型	强调文化竞争力
2011	王纯阳、黄福才	影响因素影响力差异性	旅游基础设施、旅游资源环境、旅游配套设施、目的地管理水平、目的地支持要素、旅游服务质量等是影响旅游目的地竞争力的主要要素	结合案例研究

资料来源：作者根据文献整理。

点分析了文化因素的作用机理。❶ 该研究在竞争力影响因素的研究视角上取得了重大拓展，文化视角下旅游竞争力研究突破了传统的经济性研究。

王纯阳和黄福才以张家界为例的研究结果表明，旅游基础设施、旅游资源环境、旅游配套设施目的地管理水平、目的地支持系统、旅游服务质量等是影响旅游目的地竞争力的主要要素❷，并将它们对目的地竞争力的作用程度进行差异分析。

---

❶ 杨勇. 旅游目的地竞争力框架中的"文化"因素分析：一个综述[J]. 旅游学刊, 2006 (12): 35-42.

❷ 王纯阳, 黄福才. 基于SEM的旅游目的地竞争力影响因素研究——以张家界为例[J]. 当代经济管理, 2011, 33 (4): 63-71.

关于旅游竞争力的上述研究为后来的指标体系构建奠定了基础。在指标体系的基础上，很多学者构建关于旅游竞争力的数理结构模型，以波特钻石模型为起点，大量关于旅游竞争力的数理模型丰富了旅游竞争力理论研究，使旅游竞争力研究实现了从定性研究向定量研究的转型，对旅游经济发展实践起到较好的指导作用。但是，以往理论中没有学者在旅游竞争力指标权重分析中总结和提炼出旅游核心竞争力。基于此，本书试图结合贵州实际，在综合分析贵州资源和国内发展环境的基础上，从贵州良好的生态资源出发，找出贵州旅游竞争力的核心，并在构建生态竞争力数理模型的基础上，与旅游竞争力指标形成对偶关系，以期提炼出贵州旅游的核心竞争力，以生态竞争力全面引领贵州旅游竞争力，最终实现贵州旅游经济又快又好的发展。

第二章 旅游目的地核心竞争力理论构架

伴随着全球经济的发展和全球一体化进程的加快,旅游业取得了迅猛发展,旅游业成为带动地区经济社会发展和人们生活水平提高的重要产业。世界各地政府纷纷认识到通过发展旅游业促进经济增长是解决地区发展的重要途径,不断加大对旅游业人力和财力的投入。在此背景下,不同旅游目的地之间的竞争愈发激烈,可持续发展能力培育成为旅游目的地生存和发展的重要内容,对旅游目的地核心竞争力的评价研究成为旅游目的地研究的重要组成部分。明确旅游目的地核心竞争力体系,厘清和确定旅游目的地核心竞争力核心要素,是确定旅游目的地核心竞争力评价方法、提炼旅游目的地核心竞争力评价指标、系统分析旅游目的地核心竞争力的重要前提,对理顺旅游目的地的发展方向和发展模式、确保旅游目的地形成具有长久竞争优势的能力具有重要意义。

第一节 传统旅游目的地核心竞争力研究范式

传统旅游目的地核心竞争力的研究范式,根植于旅游竞争力的研究范式,将旅游目的地核心竞争力作为旅游目的地竞争力的下位概念来研究,是竞争力研究范式的必然逻辑,其研究更加聚焦旅游目的地的核心优势,是竞争力研究范式的有益补充。影响因素是旅游竞争力研究的主要关注点,理所当然,影响因素也是旅游核心竞争力研究的主要关注点,而且核心竞争力的分析维度是以竞争力的分析维度为基础的。

一、旅游目的地核心竞争力研究的理论基础

竞争力又叫竞争优势。有竞争就得提高竞争力或彰显竞争优势。对于竞争优势理论的研究,大多数管理学家都从竞争优势外生论和竞争优势内生论两个角度进行探讨,目前主流的理论学派中比较有影响力的应该是波特的竞争优势理论。

美国哈佛大学商学院迈克尔·波特教授,是第一位真正系统地将竞争作为专门领域进行研究的学者。他系统论证了竞争优势理论和竞争方法,构建了有关国家竞争的钻石模型和产业竞争的五力模型,其中与目的地核心竞争力关系最为密切的是钻石模型。在该模型中,波特将决定国家(地区)竞争优势的要素归纳为:生产要素,企业发展战略、内部结构和竞争,相关和支持产业以及需求状况等。

生产要素主要指产业进行生产所必需的资源,如原材料、人力、资本等,天然获得的基础资源不足以形成持续的竞争优势,而真正的竞争优势来源于后天获得,如创新能力等。

企业发展战略、内部结构和竞争包括企业组织、管理等方面,区域间企业的发展和竞争有助于区域内企业间的相互学习和不断成长,从而促使区域企业竞争力的不断提升,进而提升区域产业的效率。

相关和支持产业主要包含与产业发展存在水平型和垂直型的产业,其中水平型产业与区域产业发展具有一定的相似功能,对区域产业具有一定的替代威胁,促使区域产业不断自我提升。垂直型产业是区域产业发展所必须依赖的产业,包含上游产业和下游产业。通常认为,具有国际竞争优势的支持性产业是区域产业形成国家竞争优势的重要因素。

需求状况主要为国内需求状况,涉及国内需求的质量和数量两个方面。国内需求越旺盛越有利于产业降低生产经营风险,从而越有助于培育产业国际竞争优势。当然,相对于需求的数量而言,国内对产品质量的需求对产业推动力更强。

就钻石模型对旅游目的地核心竞争力研究的贡献来看,很多学者基于钻石模型从决定产业竞争优势的四个要素分析旅游目的地核心竞争力。当然,波特的钻石模型从产业视角分析竞争优势的来源,但用于旅游目的地核心竞争力分析还存在不足。后来,一些学者在前人研究的基础上总结出影响旅游目的地核心竞争力的五个主要元素:核心旅游资源吸引力、旅游目的地支持产业、旅游目的地的政策法规、旅游目的地的管理和旅游目的地限制及扩张因素。这一研究成果对旅游目的地核心竞争力研究思路进行拓展,为旅游目的地竞争力研究奠定良好基础,但是,伴随着旅游目的地核心竞争力研究的不断深入,其也不断暴露出一些问题,对生态环境指标的忽略和定性指标过多成为该模型的较大缺陷。

波特钻石模型虽然为旅游目的地核心竞争力研究提供了清晰的分析框架,但是由于旅游目的地核心竞争力形成的特殊性,波特钻石模型明显存在一些不足:

(1)波特钻石模型强调区域产业资源条件是竞争优势形成的决定因素之一,但其认为基础资源条件(如自然资源、生态环境)等初级生产要素可以通过市场交易获得,并且基础资源会随着产业发展而不断消耗,其对区域产业竞争力的作用有限。可见,波特钻石模型对基础资源的分析并不适用于旅游目的地的实际情况,生态环境和旅游资源在目的地竞争力形成过程中起着难以替代的作用,甚至是旅游目的地核心竞争力形成的决定性因素（如旅游目的地发展早期），并且旅游资源和生态环境并不会随着旅游业的发展而被消耗逐渐减少。因此，波特钻石模型对旅游资源和生态环境在区域竞争中的作用重视不够。

（2）波特钻石模型对目的地管理在旅游目的地核心竞争力形成中的作用没有给予足够重视。钻石模型只是将"政府角色"作为一个辅助性要素，只是将政府作为产业竞争环境的提供者。而在现今旅游目的地发展中，特别是在我国实践中，政府在旅游发展过程中扮演着十分重要的角色，其作用已经远远超出环境提供者的角色。政府在旅游目的地的发展过程中，既是旅游目的地竞争环境的塑造者，又是旅游目的地竞争的直接参与者。

（3）波特钻石模型虽然强调企业环境，但对企业内部要素关注不够。波特钻石模型注重企业发展战略和结构对产业竞争优势的影响，但忽视了企业内部自身要素对产业竞争力的影响，如企业形象、企业意识、企业责任、员工意识，等等。

（4）波特钻石模型虽然非常关注相关和支持产业对地区产业竞争优势形成的作用，但其所关注的领域过于狭窄，并未全面覆盖产业发展所涉及的全部利益相关者。利益相关者对产业发展具有举足轻重的作用。对旅游目的地发展而言，社区居民是旅游目的地发展的重要利益相关者，其对旅游发展的态度和行为将对目的地旅游发展起着不可替代的作用。波特钻石模型理论明显忽略了社区居民的意识、态度和行为对旅游目的地核心竞争力形成的影响。

二、传统旅游目的地竞争力研究模型

（一）传统旅游目的地竞争力研究模型类型

旅游竞争力模型，是竞争力模型或者说分析范式在旅游目的地发展的具体运用。关于旅游竞争力模型很多研究者都从波特竞争力理论出发,结合旅游产业特点和影响旅游竞争力因素,构建了许多旅游竞争力评价模型,这些评价模型中包含的旅游竞争力影响因素有价格因素、环境因素、人力资源因素、产业集群因素、信息因素、文化因素、旅游基础设施因素、旅游资源环境因素、相关配套设施因素、目的地精细管理水平因素、服务水平因素等。具体来说,关于旅游目的地竞争力模型主要有以下几种。

1. 里奇和克劳奇的旅游目的地竞争力模型

在早期的旅游目的地竞争力 Galgary 模型的基础上,里奇等经过多年对旅游目的地竞争力的系统研究,构建了旅游目的地竞争力可持续概念模型。[1] 他们将旅游目的地竞争力的影响要素归纳为吸引力、组织、管理、效率和信息五个方面,并进一步提出旅游目的地竞争力的决定性因素是由旅游目的地核心旅游资源、旅游目的地政策、旅游目的地管理、放大性与限制性因素以及辅助性资源与设施五方面因素构成。他们通过主成分分析方法得到上述五方面因素的权重,其中旅游目的地核心旅游资源排在第一,为0.293;旅游目的地管理排在第二,为0.194;旅游目的地发展辅助性资源与设施排在第三,为0.183;排在后两位的是旅游目的地政策和放大性与限制性因素,分别为0.169和0.162。

该分析模型是波特钻石模型在旅游目的地竞争力分析上的典型应用,基于旅游业自身特征,对分析旅游目的地竞争力做出重要贡献。但其依然有一定的不足,如忽视了旅游需求在旅游目的地竞争力形成中的巨大作用,同时其所归纳的旅游目的

---

[1] CROUCH G I, RITCHIE J R B. Tourism, Competitiveness, and Societal Prosperity [J]. Journal of Business Research, 1999, 44 (3): 137-152.

地竞争力影响因素也存在不合理问题，将旅游目的地与市场之间的联系作为吸引力处理，把旅游目的地管理和政策、规划等区分开来，等等。

2. 戴雅等的旅游目的地竞争力模型

戴雅等通过对里奇和克劳奇模型的整合，重新对旅游目的地的影响因素进行归类，最终整合成一种新的旅游目的地竞争力模型。❶戴雅等将旅游目的地竞争力的决定因素整合为资源、管理、环境和需求四个方面，其中旅游目的地资源包括自然的或继承的资源（禀赋类资源）、创造性资源和支持性资源三种类型。旅游目的地管理包括旅游行业管理和政府管理两种类型。可见，该模型在归纳里奇和克劳奇模型的基础上，提出更为合理的旅游目的地竞争力影响因素，但是该模型过于包罗万象，几乎囊括了所有对旅游目的地竞争力有影响的因素，因而重点不突出。

3. 希思（Heath）的旅游目的地竞争力模型

希思在分析南非旅游发展的基础上，提出了旅游目的地竞争力的"房子"模型，认为旅游目的地竞争力好比一座由地基、建筑材料、黏合剂和屋顶组成的房子。❷旅游目的地核心设施和资源等是旅游目的地竞争力的根基，旅游目的地战略营销、可持续开发框架和政策等是构成旅游目的地竞争力的重要材料，而目的地共同的价值观和形象则是屋顶。

该模型突出"人"对于旅游目的地竞争力形成的作用，强

---

❶ DWYER L, KIM C. Destination Competitiveness: Determinants and Indicators [J]. Current Issues in Tourism, 2003 (5): 369 – 414.

❷ HEATH E. Towards A Model to Enhance Destination Competitiveness: A Southern African Perspective [J]. Journal of Hospitality and Management, 2003, 10 (2): 124 – 141.

调旅游目的地发展过程中应发挥政治团体、企业家、人力资源和社区居民等的重要作用，但过于强调旅游目的地自身原始生产要素，而对各要素之间的相互影响和组合结构关注不够。

4. 其他旅游目的地竞争力模型

除上述模型外，还有一些学者构建了相应的旅游目的地竞争力模型，他们的研究成果为进一步研究旅游目的地核心竞争力提供了强有力的支撑。

潘（Poon）在以往研究的基础上提出了旅游目的地竞争力的培育应将环境因子放在首位，其次是将旅游业作为领先的部门，再次是要加强旅游目的地营销渠道建设，最后要让私营部门充满活力。同时，作者提出了设施、服务质量、可进入性、目的地形象、可支付能力和气候环境是决定一个会议旅游目的地竞争力的重要指标。❶ 在国内文献中，易丽蓉、李传昭提出"TDC 五因素模型"。❷ 黄秀娟将旅游目的地竞争力影响因素分为两个层面，其中第一层面包含资源类因素、需求类因素、支持类因素和管理类因素，第二层面是第一层面的进一步细分，如资源类因素分为旅游资源、旅游业劳动力资源、旅游资本等因素。她还指出，真正对旅游目的地竞争力有决定性影响的共有八个因素，即旅游资源、旅游资本、旅游业劳动力、区位条件、企业竞争能力、旅游产业结构、政府作用、基础设施水平，它们共同构成了旅游目的地竞争力的三个维度：资源维度、管

---

❶ POON A. Tourism, Technology and Competitive Strategies [M]. UK: AB, International, Wallingford, 1993.

❷ 易丽蓉，李传昭. 旅游目的地竞争力五因素模型的实证研究[J]. 管理工程学报，2007（3）：105 - 110.

理维度和支持维度。❶ 李莉叶基于复杂性理论从宏观、中观、微观、渺观层面构建旅游目的地核心竞争力形成主体，指出旅游目的地核心竞争力形成会受到主体自身之间的相互约束。❷

（二）传统旅游目的地竞争力研究模型的启示

传统旅游目的地竞争力研究模型根植于波特钻石模型国际竞争优势理论。关于旅游竞争力影响因素的上述研究，为后来旅游竞争力研究奠定了基础。在影响因素结构的基础上，很多学者构建关于旅游竞争力的数理结构模型。以波特钻石模型为起点，大量关于旅游竞争力的数学模型丰富了旅游竞争力理论研究，使旅游竞争力研究实现了从定性研究向定量研究的转型，对旅游经济发展实践起到了较好的指导作用。

以往有关旅游目的地竞争力的理论研究，主要呈现出以下几个特点：

第一，在分析旅游目的地竞争力时，都非常重视旅游业的可持续发展，强调可持续发展是旅游目的地发展的根本出发点和价值追求目标，许多学者认为脱离了旅游目的地持续发展，就谈不上竞争力。

第二，在选取影响旅游目的地竞争力相关因素时，注重影响因素的多维度视角，并将多维度的影响因子进行层次分类，依据影响因素构建旅游目的地竞争力的指标体系。相较一般竞争力影响因素而言，影响旅游目的地竞争力的因素更为丰富和广泛。按旅游竞争力影响因素的时间维度范围划分，可分为未

---

❶ 黄秀娟. 旅游目的地国际竞争力决定因素研究——基于中国省级区域的分析［D］. 厦门：厦门大学，2007.

❷ 李莉叶. 基于复杂性理论的旅游目的地核心竞争力研究——以云南旅游目的地为例［D］. 昆明：云南大学，2013.

来旅游发展竞争力影响因素、潜在可能旅游竞争力影响因素和现存旅游竞争力影响因素。按旅游竞争力影响因素的系统空间维度划分，分为外层影响因素、中层影响因素和内层影响因素。按旅游竞争力影响因素的产业属性划分，分为旅游市场主体层影响因素、旅游市场媒介层影响因素和旅游市场环境层影响因素。

第三，在探寻旅游目的地产业竞争力时，注重多角度探寻旅游目的地旅游产业竞争力的影响因子。除了注重旅游目的地旅游资源吸引力、旅游产业组织发展水平、政府旅游公共行政管理绩效等传统因素，更加关注过去没有关注的影响因素，如大数据信息技术、产业创新能力等新兴因素。虽然不同旅游目的地决定旅游目的地竞争力的因素有差异，但是竞争力的形成或多或少会受一些共同因素影响。在旅游目的地竞争力形成中旅游资源吸引力的强弱、旅游环境的好坏、旅游目的地管理以及旅游市场需求等要素被多数学者所关注。虽然旅游目的地竞争力的形成是各种决定因素共同作用的结果，但各种因素在旅游目的地竞争力形成过程中所起的作用并不相同，也并非一成不变，同一种决定因素在不同旅游目的地和同一旅游目的地不同阶段的竞争力形成中的相对重要性会存在差异。因此，学者们较为重视理顺各利益相关者的相互关系，创新提升旅游目的地产业竞争力的可能路径。

第四，当前，学者们并未就旅游目的地竞争力的决定因素达成共识，有关"哪些因素是旅游目的地竞争力的决定因素，哪些决定因素更为重要"依旧众说纷纭。

上述以波特钻石模型为基础的旅游目的地竞争力评价模型，成为目的地竞争力研究的重要理论基础，但是以上理论研究仍然存在以下不足：

在旅游竞争力的对象上，学者们对旅游产业竞争力分析较多，而对旅游产业整体竞争力以及某一具体目的地竞争力研究较少；在旅游竞争力的形成机制分析上，学者们更多地考虑结果性因素，而对旅游竞争力形成的过程因素分析关注不够；在评价指标体系构建上，都力求最大限度地考虑可能参考因素，然而依然不可避免地出现部分因素指标难以被量化的问题；在研究旅游竞争力的构成时，一般都是基于相关利益主体，注重局部视角的考量，而对利益主体之间的影响因素没有给予应有关注，虽然所列举的因素覆盖面较广，但是它们之间的相互关系和逻辑关系依然处于模糊状态；在影响旅游竞争力因素上，虽然学者们构建比较完善的结构体系，但是没有对影响因素进行影响力效度比较分析，各个影响因素都想顾及，但往往造成都没有顾及，没有指标影响力效度排序，造成重点不突出，在指标体系中没有重点考量核心指标，进而影响了旅游竞争力中的核心竞争力研究。

第二节 旅游目的地核心竞争力决定因素分析

从旅游目的地形成和旅游经济运行的过程来看，旅游目的地实质上是旅游客源地旅游者在旅游目的地旅游吸引物的吸引下前往目的地旅游，并由此带来旅游目的地经济社会文化等一系列变化导致的结果。可见，旅游目的地的形成本质上是旅游吸引物与旅游者之间互动的结果，旅游目的地核心竞争力实质上是使旅游者与旅游目的地吸引物良性互动持续增强的能力。因此，旅游目的地核心竞争力的形成和培育过程可以理解为不断强化旅游者与旅游吸引物良性互动的过程，而旅游者与旅游吸引物的互动离不开对旅游目的地的管理，这是因为旅游目的地的管理不仅能有效增强旅游目的地旅游吸引力，而且可以有效引导旅游者与旅游吸引物形成良性互动。

依据波特钻石模型理论，影响地区竞争优势的四个基本要素分别是：企业发展战略、内部结构和竞争（企业相关要素），相关和支持产业，生产要素，需求状况。因此在一个国家的众多产业中，最有可能在国际竞争中取胜的是国内经济四要素环境特别好的那些行业，四要素是一个国家某一产业国际竞争力获得的重要来源。上述四要素相互作用、互相影响，共同构成了一个动态的竞争环境，这些综合要素构成了一个国家的国际竞争力来源。就旅游目的地而言，生产要素对应的是旅游投入，包括旅游资源、资本和人力资源等，其中最为重要的是旅游资源，其他类型投入可通过市场配置获得；企业相关要素与相关和支持产业最终是由旅游目的地管理决定的，在市场作为主要配置手段的市场经济背景下，通过对旅游目的地的有效管理，上述要素可以逐步形成，为此可以将上述要素整合为旅游目的地管理要素；关于旅游需求，波特钻石模型确定的需求状况主要是指国内需求，但由于旅游的特殊性，这里所指的旅游需求主要体现为旅游目的地旅游接待量、旅游收入和旅游者评价等。

因此，可以在波特钻石模型的基础上，将决定旅游目的地核心竞争力的因素简化为三个方面，即旅游投入、旅游目的地管理、旅游需求（见图2-1）。其中，旅游投入主要涉及吸引力资源（如旅游目的地旅游资源、生态环境等）、土地投入、资金投入、人力资源投入等；旅游目的地管理主要涉及目的地政策法规等；旅游需求主要通过旅游收入、旅游接待量、旅游者评价等体现。

旅游目的地核心竞争力的影响因素识别是全面掌握旅游目的地核心竞争力以及评价旅游目的地核心竞争力的关键环节。

第二章 旅游目的地核心竞争力理论构架

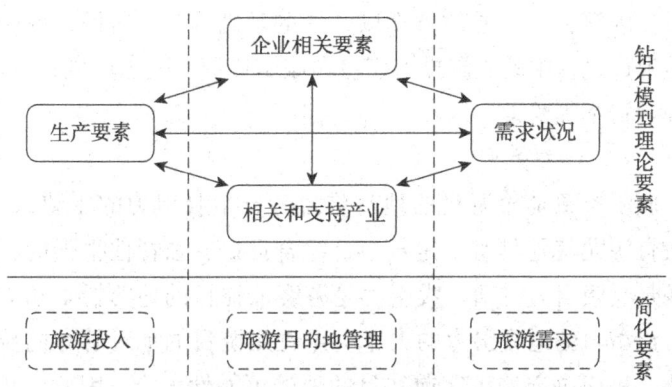

图2-1 基于钻石模型理论的旅游目的地核心竞争力简化要素

因此,对旅游目的地核心竞争力影响要素的识别是开展旅游目的地核心竞争力研究的重要前提工作。为科学合理地识别出旅游目的地核心竞争力影响因素,不可避免地要对旅游目的地核心竞争力来源进行分析,从而找出对旅游目的地核心竞争力形成起至关重要作用的因素。就旅游目的地而言,其核心竞争力来源的基础是旅游投入,核心竞争力形成的保障是旅游目的地管理水平,核心竞争力形成的根源是旅游者需求。因此,旅游投入、目的地管理水平、旅游者需求是旅游目的地获得竞争力的源泉,也是影响旅游目的地核心竞争力的决定因素。

一、旅游投入维度影响因素

旅游目的地要能够吸引旅游者前来,并且要能够满足旅游者旅游体验的各种需求,因此,必然会涉及一系列的投入。从经济学角度来看,资源要素投入一般会涉及劳动、资本和土地,但对于旅游而言,旅游资源是旅游目的地形成不可或缺的要素,否则将不能吸引旅游者前往,也不可能形成旅游目的地。生态环境是旅游目的地构成的本底条件,同时也是吸引旅游者前往的重要因素,是旅游活动得以开展的基础因素。所以,旅游目的地形成过程中的旅游投入应包含旅游资源、生态环境、劳动、土地、资本等要素。

(一) 旅游资源

旅游资源是旅游目的地对旅游者产生吸引力的主要载体,旅游资源尤其是具有一定规模、组合良好、独特性很强的旅游资源最具吸引力价值。吸引力是游客前往目的地的根本动力所在,旅游目的地吸引力的大小决定着旅游目的地对游客的拉力大小,进而决定着游客前往目的地的可能性大小,因此,从某种程度上讲,吸引力大小决定着竞争力的大小。因此,旅游资源特别是具有强大吸引力的旅游资源就成了旅游目的地核心竞争力的重要构成。鉴于对旅游目的地核心竞争力起核心作用的是那些不易被复制和模仿、具有持续效能的要素,因此,旅游目的地旅游投入要素中最为核心的是对旅游者具有吸引力的旅游资源。

第一,旅游目的地的自然地理特性(如地质地貌、气候条件、生物群落等)构成旅游目的地发展的基调,决定旅游目的地的视觉感受和美学标准,其既是旅游活动得以开展的基础背景,也是旅游目的地管理无法决定和难以控制的因素。所以,其他旅游投入要素必须围绕着旅游目的地自然地理特性(自然旅游资源)这一要素进行相应的创新,而不能独自发展。

第二,旅游目的地的历史文化是构成旅游目的地吸引力的重要部分,也是旅游目的地投入的一种表现形式。历史文化通常是经过长时间的历史积淀而形成的,很难在短时间内创造出来,虽然旅游目的地历史文化的内容会随着时间的推移而表现出不同的形式,但学术界和业界普遍认为,旅游目的地通过改变当地历史文化以推动旅游业发展的可能性是微乎其微的。因此，旅游目的地历史文化也成为其吸引力产生的重要载体，当旅游者需要在同类目的地中作出选择时，具有历史文化底蕴的旅游目的地往往会更胜一筹。若旅游目的地能让旅游者体验到有别于其日常的生活方式，那么旅游目的地往往能够在竞争中占据优势。

第三，旅游目的地举办的各类休闲活动会对旅游者产生吸引力，也是构成旅游目的地旅游投入的组成部分。各类休闲活动虽然受到旅游目的地自然地理环境和历史文化氛围的影响和制约，但是相对而言更易于创造和控制。随着个性化旅游的兴起，旅游逐步朝着自主游览模式发展，各类休闲活动对旅游者的吸引力逐步增强，并且其内容和范围逐步扩大，涵盖了运动和消遣各种设施和场所，如高尔夫、网球、滑冰、游泳、划船、骑行、探险等。

第四，旅游目的地举办的重大活动通常能极大地增强旅游目的地吸引力。重大活动与历史文化既有关联也存在差异，重大活动更多地强调旅游目的地通过策划组织而开展的一系列活动，如大型国际会议、重大赛事、展览会、民族节庆等。重大活动由于参与人员多、影响大，从而能有效激发旅游者前往。旅游目的地通过举办特殊活动能有效扩大旅游目的地影响，提升旅游目的地形象，从而快速推动旅游目的地发展。

第五，旅游目的地旅游商品既是旅游目的地社会历史文化的产物，又是吸引力产生的要素。出游购物正成为旅游体验的重要组成元素，购物、美食品尝等已然成为旅游者出游的动机之一，一些旅游目的地也通过改善购物环境、推出特色旅游购物商品来提升旅游竞争力和旅游效益。

（二）生态环境

生态环境可分为社会生态环境和自然生态环境。生态环境对旅游目的地核心竞争力的影响主要表现在：

第一，旅游目的地生态环境是各种旅游活动得以开展的基础，就目的地而言，良好的生态环境本身就是吸引旅游者的重要因素。当前，各式各样的旅游需求都或多或少与旅游目的地生态环境有关，如休闲度假、康体疗养、人文体验等都需要在生态环境良好的区域开展。

第二，旅游目的地生态环境制约着旅游目的地规模和持续获利能力。旅游目的地旅游活动的强度也会受到旅游目的地生态环境承载量的限制，一旦超出旅游目的地旅游承载力，将会对旅游目的地生态环境和旅游者体验带来不利影响，从而降低旅游目的地吸引力，进而影响旅游目的地持续获利的能力，降低旅游目的地的核心竞争力。

第三，旅游目的地生态环境是旅游目的地其他要素作用有效发挥的保障。从系统角度来看，旅游目的地各组成部分都处于一个大生态系统（社会生态或自然生态）之中，旅游目的地生态系统作为整体影响着目的地其他要素的作用发挥。

(三) 其他投入

本研究将除旅游资源和生态环境之外的旅游目的地旅游投入要素统称为其他投入要素，主要是基于要素本身的独特性和可复制、替代程度考量。其他投入要素包含土地投入、资本投入和劳动投入等，在市场经济条件下，上述要素基本上都可以通过市场配置手段加以解决。虽然旅游目的地其他投入要素可以通过市场交换获得，但是并不意味着它们在旅游目的地核心竞争力形成和培育中无关紧要。其他投入要素是旅游资源吸引力得以实现和旅游者体验得以实现的重要保障，通过其他要素的投入旅游目的地资源才得以开发、旅游基础设施和接待设施才得以新建，以更好地满足旅游者的各种需求，从而推动旅游目的地旅游经济的有效运行。

　　土地投入是开展任何旅游经济活动所必需的一种投入。旅游目的地从地理空间范围来看都离不开一定的土地作为支撑，旅游基础设施、旅游服务设施等项目建设缺不了土地资源的投入。但是，正因为土地是任何旅游目的地建设所必需的一种投入，并且土地资源对大多数旅游目的地而言并不具有绝对稀缺性，因此土地投入要素并不像旅游吸引物资源那样被学者所关注。

　　资本对各种产业的形成与发展都具有非常重要的作用，旅游目的地的旅游基础配套设施和旅游服务配套设施的建设、旅游项目的开发、旅游生态环境的营造和保护等都离不开一定量的资本投入。因此，资本投入是旅游目的地资源转化为生产力的前提，对旅游目的地的发展和核心竞争力的形成也有一定的影响作用。

　　旅游业属于第三产业，是典型的劳动密集型行业和服务型行业。旅游服务在旅游产品构成中占有核心地位，旅游服务的提供必然要依托一定的旅游服务人员。所以，旅游目的地的发展和核心竞争力的形成必然要依托一定规模的高素质旅游服务人员。劳动投入要素对旅游目的地核心竞争力的培育具有重要影响。

二、旅游目的地管理维度影响因素

　　旅游目的地管理是连接旅游目的地资源供给和旅游客源市场的桥梁和枢纽，是旅游目的地有序运行的重要保障，通过对旅游目的地实施有效管理能为旅游目的地树立良好的形象，推动旅游目的地品牌打造，进而提升旅游目的地竞争力。依据管理主体划分，旅游目的地管理可以分为政府管理、旅游企业管理和社区居民管理三个层面。

(一) 政府管理

政府对旅游目的地的管理主要表现在政策法规制定、规划开发、组织协调、监控评估、信息服务、环境保护等方面。政府通过对旅游目的地的管理可以实现旅游目的地整体吸引力的提升，从而增强旅游目的地旅游品质和效率，进而影响旅游目的地核心竞争力的形成。

政策法规是政府管理旅游目的地的最重要的依仗，也是政府其他管理行为产生的依据，通过制定政策法规并严格执行，能有效规范旅游目的地各参与主体的行为，实现旅游目的地的有序运行，提升其整体竞争力和运行效率。

旅游目的地规划开发活动必须遵循一定的规则，否则将会带来旅游目的地的无序发展。为确保旅游目的地朝着既定的目标发展，政府对旅游目的地规划开发规则需要界定清楚，并确保坚决执行。通常，政府会以满足未来需求为导向，在实现旅游目的地可持续发展的前提下，协调当地政府、旅游企业、社会团体、社区居民等旅游利益相关者，使其致力于旅游目的地建设，以确保旅游目的地持续发展。

政府组织协调旅游目的地各参与主体和各种资源，促进旅游目的地各个子系统正常有序运转，实现产出最大化。旅游者出行观念的变化和旅游技能的提升以及旅游者需求的个性化和多样化，一方面使得旅游目的地组织协调工作异常复杂，进一步加剧了政府组织协调的难度；另一方面也进一步凸显政府组织协调对旅游目的地可持续发展的重要作用。

对旅游目的地政策运行和生态环境监控评估是政府管理旅游目的地的有效手段之一。监控评估作为旅游目的地管理的重要组成部分，起着承上启下的作用，一方面通过监控评估能有效把握旅游目的地政策和管理的效果，将其作为评判和奖惩的依据；另一方面依托监控评估能及时发现旅游目的地运行中存在的问题，为指导后续管理工作提供借鉴。

政府提供的信息服务既包含对旅游者的信息服务，也包含对旅游企业和社区居民的信息服务。对旅游者而言，信息服务有助于旅游者了解旅游目的地现状、旅游体验满意度等情况，提升旅游者决策效率，吸引旅游者前往；对旅游企业而言，信息服务能让旅游企业及时了解旅游者需求（市场）状况和旅游企业绩效的相关信息；对社区居民而言，信息服务能及时让旅游目的地居民了解当地旅游发展动态，有助于民众参与旅游目的地旅游发展决策，舒缓民众对当地旅游发展的不满情绪，营造和谐的旅游氛围。

随着人们环境保护意识的提高，环境保护日渐成为旅游目的地管理的重要方面。对旅游目的地生态环境的保护是确保旅游目的地可持续发展的重要手段，特别是对那些在旅游活动中容易受到影响和破坏的旅游资源和生态环境至关重要。旅游目的地环境保护能有效实现旅游目的地内的生态、社会和文化资源间的灵活有效调度，不仅能增强旅游目的地旅游竞争力，更能确保旅游目的地获得长期的竞争力。

（二）旅游企业管理

旅游企业是指依托一定的资源和设施，向旅游者提供旅游产品和服务，满足旅游者需求以实现其自身价值的经济单位。旅游企业是旅游目的地经营主体，也是旅游目的地竞争力表现主体。旅游企业所拥有的实力和素质是旅游目的地竞争力的重要载体和表现形式。旅游企业是旅游目的地发展过程中最重要的组成部分，其通过向旅游者提供产品和服务获取相应的收益，是与旅游者直接接触、关系最为紧密的实体。因此，旅游企业管理水平的高低将直接影响旅游者的旅游体验，决定着旅游者对旅游目的地的评价。旅游企业的发展和经营与管理，已经获得学界和业界的充分重视。

(三) 社区居民管理

社区居民是旅游目的地重要的利益相关者。社区居民对旅游目的地旅游发展的态度以及对旅游者的友善程度是影响旅游目的地发展和竞争力形成的重要因素。社区居民参与是旅游目的地发展的内在动力，包括社区居民参与旅游规划、社区居民参与旅游开发、社区居民参与旅游经营管理等，特别是在生态旅游为主导的大背景下，社区居民参与旅游目的地旅游发展有助于实现旅游经济效益与环境效益的有机统一，有助于在不破坏目的地环境的前提下，持续推进旅游发展。

三、需求维度影响因素

前文所论述的旅游目的地核心竞争力影响因素主要涉及的是旅游目的地产品供给环节，旅游者需求是相对于供给环节的另外一种影响旅游目的地核心竞争力的因素。作为一种经济运行形态，旅游目的地旅游业是产品供给和需求共同作用的市场活动，只有供给而没有需求则无法实现旅游经济运行。旅游业是具有明显需求导向特征的产业，旅游需求决定着旅游目的地产品和服务的生产和提供。通常，旅游市场需求对旅游目的地的影响通过以下方面表现出来：(1) 旅游市场需求决定旅游目的地发展规模。以需定产这一原则也适用于旅游业，并且由于旅游业的服务性特征，旅游需求与旅游供给具有同步性，即旅游产品和服务消费过程就是旅游产品和服务的生产过程。因此，旅游市场需求规模决定了旅游目的地发展规模。(2) 旅游需求决定旅游目的地发展内容。旅游目的地所提供的旅游产品和服务只有在获得旅游者的认同下，旅游目的地的产品和服务才能完成市场交易，进而实现旅游效益。因此，只有获得旅游者认同的旅游目的地才能够持续存在和发展，没有市场需求的旅游目的地是没有竞争力的，更不会存在核心竞争力。

旅游者要进行旅游决策，首先要收集旅游目的地信息，要对旅游目的地提供的产品和服务进行了解，并将所收集到的信息与自己的期望相比较，以确保旅游目的地能够满足其旅游需要。因此，对旅游目的地核心竞争力产生影响的需求因素主要有：旅游目的地感知、旅游目的地期望、旅游目的地偏好以及旅游目的地评价等。旅游目的地应当通过改善旅游供给，满足旅游者需求以获得旅游者肯定性评价，积极引导刺激旅游者偏好，进而强化旅游者的旅游目的地感知，从而推动旅游目的地核心竞争力加快形成。

四、决定因素作用机理

从系统复杂性理论出发，可以动态地分析旅游目的地核心竞争力的系统功能。然而，基于耗散结构的功能分析为旅游核心竞争力作用机制研究提供了有益的启示。本书从旅游核心竞争力影响因素出发，主要从以下几个方面来探讨旅游目的地核心竞争力的作用机理。

（一）自我组织

旅游核心竞争力影响因素体系，是旅游竞争力影响因素的子系统。旅游目的地竞争力系统中各影响要素的作用，总是自发地产生着，各自都在追求自身效应的最大化，而且在与外部环境的相互作用下，和系统内部各要素不断地发生感应和本能调适。而旅游目的地核心竞争力的整体表现，在众多要素相互联系、互相作用和互相制约下形成，自下而上地自我组织演化。旅游目的地核心竞争力的作用机制，通过以下两种方式进行。

（1）隐性进化。旅游目的地竞争力复杂系统的特殊性，使旅游目的地核心竞争力在流变中的隐性特征较之其他系统更为明显。它以一种潜在的方式产生作用，而整体表现形式为旅游系统内部复杂要素的相互关联，犹如一种隐形的力量，在背后推动着整个旅游系统内部个体的蔓延与聚合、空间的跨越与拓展以及空间结构的转换等。

在旅游目的地核心竞争力的形成中，其演化遵循耗散涨落起伏而表现为正态有序特征。结构的变迁具有明显的自然性和客观性，而其进化性则体现出新的、更有利于目的地核心竞争力系统良性发展的空间结构变换的重现。因此，旅游目的地核心竞争力在形成过程中的最大功能体现，是通过核心要素体系与其他要素体系的最大效益协同一致。

（2）随机进化。旅游目的地核心竞争力发展的随机性，突出表现为各微观层面要素主体行为方式的杂乱无章表象，但各要素与整体之间又处于相对的动态平衡过程之中。各微观要素个体间行为通常会表现为一种自主的随机性，而宏观层面系统则会显现为一种功利性和随机性决策行为，这不仅会在宏观层面上呈现出核心空间聚集的大格局有序性，同时也是系统本身复杂性与混沌的表现形式。

（二）自我优化

旅游目的地核心竞争力的自我优化，突出体现在旅游目的地核心竞争力各种影响因素的自我完善，对旅游目的地竞争力影响因素中的非核心竞争力影响因素起着优化的自我调节能力。与此同时，核心因素对非核心因素的优化方式，不仅取决于非核心因素对核心因素的信息敏感度，也取决于非核心因素对核心因素的反应程度。因此，旅游目的地核心竞争力的自我优化策略，应该包括非核心因素对核心因素在正确反应后优化，在对应变临界点进行合理把控的基础上,进一步对核心因素的优化效应采取有效对策。系统演化有突变和渐进两种方式,优化也体现了非核心因素对核心因素变动的前瞻性、预见性和创造性。

(三) 自我维系

旅游目的地核心竞争力的自我维系,体现在区域范围内的协作。根据这种协作,繁杂系统从杂乱无序逐步朝正态有序或者从相对较低水平的有序朝较高水平的有序转变的熵减过程,是推动区域内各层次系统协同发展实现共同价值目的,并促使旅游目的地竞争力系统实现更高层次优化的过程。旅游目的地核心竞争力与旅游竞争力系统的无序,表现为核心要素与非核心要素之间的绝缘,或者表现为核心要素与非核心要素的低水平协作效果。反之,旅游目的地核心竞争力的协同有序,有赖于旅游目的地核心竞争力影响因素同较高位的旅游竞争力影响因素之间保持高度的组织程度,不仅具有良好的优化互动,二者还存在自我优化和组织优化的高度一致。

对于一个旅游目的地来说,旅游竞争力影响因素在进化过程中要求母系统与子系统协同演化,即相互合作、相互协同、相互联合和协调同步的行为。另一层面的表现是核心竞争力影响因素体系内部的要素与子系统的协同效应,是竞争各要素之间相互张力作用的体现。所以,协同既能够使整个系统形成某种正态有序的结构,也能将其视为核心竞争力系统自我进化的表现形式。

第三节　旅游目的地核心竞争力模型构建

一、旅游目的地核心竞争力研究基础

关于旅游目的地核心竞争力的研究视角，有学者从复杂性理论出发进行研究❶，而本书研究的视角是生态理论，其理论逻辑是以竞争力为起点来研究旅游目的地竞争力，进而在影响旅游竞争力的因素中遴选出与特定旅游目的地实际情况相符的核心竞争力影响因素，再将提取的核心竞争力影响因素按照研究核心竞争力的需要，构建出合理的旅游目的地核心竞争力结构模型。基于生态理论研究旅游目的地核心竞争力，具有广泛的基础。

（一）生态理论视角下的旅游目的地核心竞争力现实基础

面对传统工业文明带来的环境影响和当今日益严重的生态环境污染问题，人类在对以往实践进行反思的基础上，积极寻求解决工业文明困境之道。生态文明作为传统工业文明理性反思的产物，是对生态环境问题的理论应答和实践反思，是一种有别于传统的文明建设活动。从全球范围来看，社会各界越来越关注生态环境：1962年，美国生物学家蕾切尔·卡逊（Rachel Carson）出版了《寂静的春天》；1972年，罗马俱乐部发表了《增长的极限》；1972年6月，联合国发表了《人类环境宣言》；1987年，世界环境与发展委员会发表了《我们共同的未来》报告；1992年，联合国通过了《气候变化框架公约》《21

---

❶ 李莉叶. 基于复杂性系统的旅游目的地核心竞争力研究——以云南旅游目的地为例［D］. 昆明：云南大学，2013.

世纪议程》等；2002年8月，联合国在可持续发展世界首脑会议上通过了关于可持续发展的《政治宣言》；等等。就我国而言，早在20世纪80年代，我国就把环境保护作为一项基本国策，并赋予了环境保护在整个国家治理中的基础性作用；1992年我国就加入了《21世纪议程》；1996年，可持续发展战略成为我国重要的指导方针和战略目标；2002年，党的十六大会议上强调要走"生产发展、生活富裕、生态良好"的文明发展之路；2007年，"生态文明"被写入党的十七大报告，提出"建设生态文明，基本形成节约能源资源和保护生态环境的产业结构、增长方式、消费模式"；2012年，"生态文明"再次在党的十八大被论述，并被纳入社会主义建设"五位一体"总体布局，将其提升到关乎民族未来和人民福祉重要地位。生态文明建设显然已成为中国特色社会主义事业重要内容，其事关中华民族伟大复兴中国梦和"两个一百年"奋斗目标的实现。党中央、国务院高度重视生态文明建设，先后出台了一系列重大决策部署，推动生态文明建设取得重大进展和积极成效。生态文明与物质文明、精神文明和政治文明一起构成了人类文明框架。可见，生态文明不只是生态环境保护工作的思想指引，其已经上升为国家层面的生态环境保护政治意志，已成为一种重要的治国理念和推进我国社会主义事业建设的强有力手段，因此，旅游发展必然离不开生态文明的指导。当前，生态诉求已然成为人类社会发展的共同诉求，"守住绿水青山，就是守住金山银山"已为全社会所认同，因此，生态环境禀赋正逐步成为地区经济发展的重要经济要素。生态环境作为地区旅游竞争优势考量主要因素已为大家所认同。

（二）生态理论视角下的旅游目的地核心竞争力理论基础

在学术界，生态资源在旅游供给、需求和竞争方面的角色已经持续争论近一个世纪之久。旅游目的地生态资源潜在需求以及其为旅游目的地所带来的价值已然成为旅游经济学研究的重要组成部分。按照旅游可持续发展惯例,生态资源已经是构成旅游目的地竞争力和旅游目的地管理的重要内容。[1] 旅游目的地生态资源作为旅游目的地竞争优势资源的重要地位已经越来越突出,旅游目的地生态管理对旅游目的地竞争力潜能提升的作用也越来越重要。随着可持续旅游的发展和负责任旅游的兴起,具有生态意识和环境意识的旅游者越来越追求能够满足环境资源经历的旅游活动。生态资源,包括自然环境如良好的生态环境、气候条件等,人文资源如民族文化、历史传统、民族风情、开放友善等,成为旅游目的地吸引力和旅游形象的核心构成。旅游者对旅游目的地环境质量的要求已经越来越高,越来越多的旅游者期望旅游目的地和旅游企业成为对环境负责的践行者。也就是说,旅游目的地和旅游企业需要采用新的商业模式,即把以经济为主要目标的传统模式转向以自然社会文化环境为主要目标的新模式。因此,对旅游目的地而言,生态资源的维持和保护已成为旅游目的地管理的重要内容,旅游目的地能够维持并向旅游者提供能满足需求的良好生态资源已成为其获得旅游竞争优势的重要因素,旅游目的地生态环境竞争力,即生态资源质量和生态资源管理质量,已成为决定旅游市场竞争力的关键因素。

在波特的钻石模型理论中,资源被作为竞争优势决定因素的重要组成部分来看待,并且以往学者在研究旅游目的地竞争力决定因素时,也无不将资源要素作为决定旅游目的地竞争

---

[1] DWYER L., KIM C. Destination Competitiveness: Determinants and Indicators [J]. Current Issues in Tourism, 2003, 6 (5): 369–413.

因素，其中部分学者将生态环境作为核心因素看待。中国城市经济学会开展的中国城市旅游竞争力首次评价中也将环境友好力作为四个目标层之一。由于旅游业的特殊性，旅游目的地发展资源中旅游资源具有十分突出的地位，是所有资源中最具价值和决定性的因素，旅游资源的独特性和吸引力是旅游目的地核心竞争力形成的源泉。通常，旅游资源特别是自然旅游资源和原生的文化旅游资源具有先天的独特性，难以被复制和模仿，虽然可以通过人为构建旅游资源，但其与原真的依然有着本质的区别，而旅游资源以外的其他决定因素，如旅游资本、旅游从业劳动力资源、旅游基础设施等可通过市场配置和交换获得。因此，旅游资源才是决定旅游目的地核心竞争力的核心因素，其他因素虽然也对旅游目的地核心竞争力的形成具有重要作用，甚至在特定时期起到非常关键的作用，但长期来看它们不是根本因素。如前所述，生态环境资源已然成为旅游者追捧的对象，良好的生态环境本身就会对旅游者产生较大的吸引力，促使人们前往，从这个层面上讲，良好的生态环境本身就是构成旅游资源的重要内容。

二、旅游目的地核心竞争力模型构建

研究旅游目的地竞争力中的核心竞争力，在结构中就要求核心竞争力影响因素的提取必须周全考虑影响旅游目的地竞争力的各类因素，全面合理的竞争力影响因素结构体系是开展旅游目的地核心竞争力研究的前提。同时，在结构中要反映出核心竞争力影响因素的核心作用效度，体现核心竞争力影响因素的核心效应、核心功能以及核心影响能力。根据对旅游目的地核心竞争力影响因素的上述分析，影响旅游目的地核心竞争力的因素较为广泛，因此，不可能将所有影响因素全都放在旅游目的地核心竞争力分析模型中。由于核心竞争力是一种特殊的竞争力，不易被复制和模仿，因此，对旅游目的地核心竞争力影响要素的识别关键要把握那些能持续性为旅游目的地带来效益且不易被复制和模仿的要素。基于此，本研究从旅游目的地自我发展动力机制出发，在波特钻石模型理论基础上，结合生态理论，从旅游目的地旅游投入、旅游目的地管理、旅游需求三个方面选取旅游目的地核心竞争力的决定性因素，以此构建旅游目的地核心竞争力三维分析结构模型（如图2-2所示）。其中，旅游投入是旅游目的地核心竞争力形成的核心基础，主要包含旅游资源投入、生态环境投入、其他要素投入，而旅游资源投入和生态环境投入作为难以被模仿和复制的优势，在资源投入中占据最为重要的地位；旅游目的地管理，包括政府管理、旅游企业管理和社区居民管理，是旅游目的地核心竞争力形成的核心影响因素，通过旅游目的地有效管理，旅游目的地资源的效用才能得到充分持续发挥；旅游需求既是旅游目的地核心竞争力的内在决定因素之一，同时也是旅游目的地核心竞争力的外在表现。

三、本模型与其他相关模型的区别

（一）简化了旅游目的地核心竞争力的决定因素

按照旅游目的地的市场运行构建核心竞争力，即遵循资源（投入）—管理—市场的逻辑，把旅游目的地核心竞争力的决定要素简化为旅游目的地资源投入要素、旅游目的地管理要素和旅游需求要素三个大的方面。

（二）突出了旅游目的地核心竞争力的决定因素

围绕核心竞争力难以被模仿和复制以及可持续的特性，在原有模型的基础上进一步突出影响旅游目的地核心竞争力的决

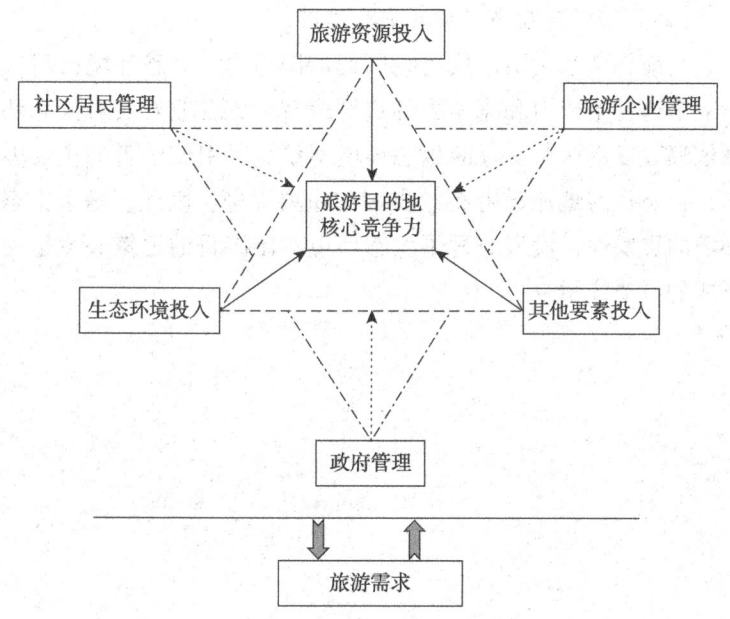

图 2-2 旅游目的地核心竞争力影响因素结构示意图

定因素。对一些具有重要作用,但不具备难以模仿和复制的要素,如旅游资本和劳动力等要素进行归类。当然,模型未纳入的要素,并不意味着其对旅游目的地核心竞争力形成没有影响和作用,而只是其作用会相对较小而已。

(三)强调了旅游需求的双重属性

旅游需求对旅游目的地核心竞争力的形成和发展具有明显的双重功能属性,一方面旅游需求是旅游目的地核心竞争力的决定因素之一,另一方面旅游目的地旅游需求也是衡量和评价旅游目的地竞争力的重要指标。对于特定时期旅游目的地核心竞争力评价而言,旅游收入、旅游接待量是衡量和评判旅游目的地核心竞争力的重要指标,而旅游者评价等是影响旅游目的地核心竞争力的重要因素。

(四) 强调了生态环境的重要作用

当前,生态文明已成为我国的治国理念。生态环境已然成为一个地区生产力和竞争力的重要表现。旅游业发展对生态环境依赖程度更深,良好的生态环境不仅是吸引旅游者的重要因素,也是目的地旅游业持续发展的重要保障。因此,基于生态环境的重要性,模型凸显了生态环境对旅游目的地核心竞争力形成的重要作用。

第三章 旅游目的地核心竞争力评价方法与模型

评价方法与模型是进行旅游目的地核心竞争力研究的重要组成部分，是对旅游目的地核心竞争力评价的前提和基础。本章在系统分析旅游目的地核心竞争力传统评价方法的基础上，提出数据包络分析方法（简称 DEA 方法）评价旅游目的地核心竞争力的适用性，并阐述了该方法的基本理论，同时构建了基于生态理论的旅游目的地核心竞争力评价体系。

第一节 核心竞争力评价方法分析

一、传统评价方法

目前针对旅游目的地核心竞争力定量评价不多，所采用的评价方法也主要集中在主成分分析、回归分析、灰色关联评价方法、模糊数学评价方法、聚类分析法等。如厦门大学的黄秀娟在其博士论文《旅游目的地国际竞争力决定因素研究——基于中国省级区域的分析》中利用多元回归分析、主成分分析、聚类分析等方法探讨与分析了我国省级区域旅游目的地竞争力的决定因素。❶ 河北工业大学的孟祥伟在博士论文《旅游产业核心竞争力与区域经济发展——以保定市为例》中利用时间序列回归法、因子分析和耦合协调度模型等方法深入研究河北保定旅游产业核心竞争力。❷ 陕西师范大学的彭永祥在博士论文《基于旅游者收益的地质公园核心竞争力及其评价——以翠华山、云台山及壶口为例》中运用结构方程模型和APH对地质公园核心竞争力进行评价。❸ 中国地质大学（武汉）的雷彬在博士论文《价值链视角下地质公园核心竞争力研究——以湖北黄冈大别山国家地质公园为例》中采用分层模糊积分模型（简称HFI法）和经典模糊C-均值聚类法（简称FCM法）从价值链的角度对湖北黄冈大别山国家地质公园的核心竞争力进行评价。❹

可以看到，旅游目的地核心竞争力的综合性评价方法主要有两类，一类为一般性质的综合评价方法，另一类需要以多元的统计分析方法为基础。一般性质的综合评价方法，诸如灰色关联分析法、模糊数学评价方法等，这类方法不限制样本数量，对原始数据也没有特别的要求，具有较为广泛的适应性。灰色关联分析法通过分析各要素之间的关联度，进而判定指数关系强弱。模糊数学评价方法包括有模糊合成运算、模糊聚类、模糊综合评价等方法，通过模糊隶属度对旅游目的地核心竞争力

---

❶ 黄秀娟. 旅游目的国际竞争力决定因素研究——基于中国省级区域的分析 [D]. 厦门：厦门大学，2007.

❷ 孟祥伟. 旅游产业核心竞争力与区域经济发展——以保定市为例 [D]. 天津：河北工业大学，2010.

❸ 彭永祥. 基于旅游者收益的地质公园核心竞争力及其评价——以翠华山、云台山及壶口为例 [D]. 西安：陕西师范大学，2010.

❹ 雷彬. 价值链视角下地质公园核心竞争力研究——以湖北黄冈大别山国家地质公园为例 [D]. 武汉：中国地质大学（武汉），2016.

进行评估，相对而言其等级评价效果较好，但是在确定隶属度函数的时候会带有一定主观性。

需要以多元的统计分析方法为基础的综合评价法，如主成分分析、因子分析等，既可以用于对旅游目的地核心竞争力进行综合评价，也可以确定旅游目的地核心竞争力影响因素的权重，但是它们要求原始数据达到一定的条件，如服从一定的分布等，同时样本量的大小也会对评价结果产生影响。

二、评价方法的选择

合理选择旅游目的地核心竞争力评价方法，成为进一步落实核心竞争力评价工作和实现研究目标的关键环节。由于旅游目的地核心竞争力是能够持久地为旅游目的地带来更多效益的能力，其最终指向旅游目的地的运行效率。通常而言，核心竞争力强的旅游目的地，其运行效率也会较为显著，因此，旅游目的地现实核心竞争力可以通过计算评价其投入产出效率予以体现。由于旅游目的地是一个可持续成长的有机系统，合理有效地分析系统内部和外部环境要素的相互作用、相互影响的本质，不但要充分考量旅游目的地核心竞争力的影响因素，还要运用适当的评价方法来评价旅游目的地核心竞争力。旅游目的地核心竞争力指标涉及内容较多、层次较为复杂，同时定性和定量指标之间相互交织影响，其是一个多变量输入和输出的复杂系统。传统的核心竞争力评价方法，如层次分析法、主成分分析法、德尔菲法、多元统计法等，鉴于统计方法本身的应用条件较为苛刻，运用上述方法进行评价需要更为准确的数据作为支撑，同时，这些方法的评价结果容易受到评价方法和主观判断的影响，难以达到科学的结果。相比较而言，DEA方法具有较为明显的优势，其主要通过计量不同对象的投入与产出来评价比较单位的相对效率,并不需要对输入和输出变量关系进行明确表达,这种方法在某种程度上可以有效降低指标加权的主观性。

三、数据包络分析方法模型的应用

DEA 方法因为其对于决策单元的综合评价方面有独特的优势而引起很多学者的研究兴趣,被广泛运用于管理学中的决策分析。DEA 方法不需要预先考虑生产函数,与投入、产出数据量纲无关,而且能实现复杂投入与复杂产出的效率评价。本书主要研究的是效率表现的竞争力评价,因此这里主要就 DEA 方法在效率评价方面十多年的研究进行整理,关于 DEA 模型的主要研究成果如表 3-1 所示。

表 3-1 DEA 模型主要研究成果

作者	年份	研究领域	主要成果	研究类型
薛春玲等	2006	农业生产技术	DEA 与一般评价模型的适用性	基础应用型
刘勇等	2007	银行业	投入产出效率	基础应用型
冉杰	2007	农业	西部农业效率与技术进步率	基础应用型
黄利军	2008	农业	西部农业技术效率与规模效率	基础应用型
唐崇敏	2007	科技论文	国家间科技论文产出效率	基础应用型
湛勇	2010	工程机械	分析我国工程机械产业竞争力	基础应用型

续表

作者	年份	研究领域	主要成果	研究类型
宋马林等	2010	企业效率	分析生物企业生产效率	基础应用型
邢小军	2011	国际贸易	我国农产品国际贸易效率	基础应用型
张卫枚	2015	工业效率	湖南省地级市工业生态效率	基础应用型
涂俊	2006	评价方法	DEA基础上Tobit的两步法在区域农业创新系统中的运用	改进应用型
李栋梁	2010	民航运输业	分析国际民航运输业的效率	改进应用型
刘野	2013	教育业	高校科研效率评价	改进应用型
杨文举	2015	工业效率	我国工业的环境效率	改进应用型
王都灵等	2016	企业金融效率	企业融资效率与宏观环境的关系	改进应用型
伍佳	2017	农业	农业基础设施投资效率	改进应用型
陈颖	2018	教育业	体育公共服务财政投入效率	改进应用型
李少华	2019	服务业	星级酒店效率及内外部影响因素	改进应用型
王慧颖	2020	服务业	竞争性决策单元全面服务质量评价	基础应用型

续表

作者	年份	研究领域	主要成果	研究类型
黄俊文	2021	工业效率	管道燃气工程项目绩效评价	改进应用型
徐慧芳	2022	制造业	汽车制造业经营效率	改进应用型

资料来源：作者根据文献整理。

在核心竞争力研究实践中，DEA方法是一种被经常运用的核心竞争力评价方法。如武汉理工大学的王化冰在博士论文《高速公路企业核心竞争力研究》中采用DEA方法对我国高速公路企业核心竞争力进行实证研究。❶ 康娟、薛丽丽运用DEA方法对农业上市公司绿色竞争力进行评价。❷ 郝华运用因子分析法和DEA方法研究吉林省制造业竞争力。❸ 自DEA方法出现以来，已被广泛应用于旅游业效率研究方面，从当前文献分析来看，较早采用DEA方法的是酒店效率研究，而后，旅行社效率研究、旅游交通效率研究、国家公园运营效率研究、森林旅游运营效率研究、目的地节事效率研究、城市旅游效率研究以及旅游目的地研究等都有涉及，已然成为旅游研究的重要方法。如，高洁分别运用主成分分析和DEA方法对中国省域旅游国际

---

❶ 王化冰. 高速公路企业核心竞争力研究 [D]. 武汉：武汉理工大学，2011.

❷ 康娟，薛丽丽. 基于AHP/DEA的农业上市公司绿色竞争力评价研究 [J]. 经济研究导刊，2011 (13)：78-80.

❸ 郝华. 吉林省制造业竞争力研究 [D]. 长春：吉林大学，2012.

竞争力进行评价。❶ 在国外，美国学者是较早开展旅游企业经营效率研究的，学者利用 DEA 方法对私有连锁酒店的管理绩效进行评价，并得出美国旅游服务市场具有较高的市场经营效率，在此基础上，通过其他方法进行验证，证明了 DEA 方法的有效性。欧洲学者的研究不仅对经营效率现状进行描述，还进一步对影响经营效率结果的原因进行分析。

第二节　数据包络分析方法模型

一、数据包络分析的理论基础

DEA 方法是在相对效率基础上综合应用线性规划技术提出的一种系统分析方法，适合用于评价具有相同类型投入和产出要素的决策单元（DMU）相对效率。DEA 方法对权重和投入产出要素数据量纲都无须设定或限制，而是以决策单元的投入产出要素的权重为变量，是由决策单元现实数据求出的最优权重，因而能够避免人为主观因素干扰。此外，DEA 方法可以直接根据投入产出要素数据建立非参数模型，不需要构建投入产出要素之间的关系式。DEA 方法不仅可以评价决策单元的相对有效性，还可进一步研究非 DEA 有效的改进方式，为提高决策单元效率提出建议和改进方向。任何经济系统或者生产过程均可以看成是通过投入一定量的生产要素，得到相应的产出的结果。其中具备相似情况的地区或单位被称为决策单元，各种比例的投入产出组合是决策的结果，每个决策单元都具备一定的经济

---

❶ 高洁. 基于 DEA/PCA 模型的中国省域旅游国际竞争力评价[J]. 边疆经济与文化，2014（2）.

影响含义。

值得注意的是，本书中的投入要素和产出要素引用了旅游目的地竞争力原因-结果分析模型中的因果关系。产出结果是旅游目的地竞争力在市场的实现情况，是一种结果表现；投入要素是影响旅游目的地竞争力市场最终表现的各种因素，是有利于市场实现的各方面原因。为了进一步研究整个旅游产业效率系统的影响因素及影响程度，学界在数据包络分析的基础上研究出了一种衍生方法 DEA-Tobit 两步法。该方法的第一步运用超效率 DEA 得到决策单元的超效率值，第二步以第一步中得到的超效率值为因变量，以影响因素作为自变量构建回归模型。

设在某一经济系统中的投入向量为 $x = (x_1, \cdots, x_m)^T$，产出向量为 $y = (y_1, \cdots, y_s)^T$，用 (x, y) 表示决策单元的经济活动。

定义1：称集合 $T = \{(x, y) \mid 产出 y 能用投入 x 生产出来\}$，为所有可能的经济生产活动可能集。

定义2：假设 n 个 DMU，DMU_j 实际经济生产活动对应的投入产出向量分别为：$x_j = (x_{1j}, x_{2j}, \cdots, x_{mj})^T$ 和 $y_j = (y_{1j}, y_{2j}, \cdots, y_{sj})^T$，且 $(x_j, y_j) \in T$，称为由 (x_j, y_j) 组成的参考集。

二、数据包络分析方法引入

（一）技术效率的概念

技术效率指一个被评价生产单元的生产工艺水平达到该行业技术水平的程度。技术效率反映的是一个生产单元工艺技术水平的高低，因此称为"技术效率"。技术效率可以从投入和产出两个维度来衡量，在投入恒定的情况下，技术效率由产出结果最大化的程度来衡量；在产出恒定情况下，技术效率由投入最小化的程度来衡量。

技术效率可以通过产出/投入的比值来测度。当生产技术仅仅关涉单一投入和单一产出时，可以直接计算出各生产单元的产出/投入比值，即每消耗一个单位的投入所生产的同等质量产品数量，以此呈现各生产单元技术效率的高低。如果将各单元的产出/投入比值除以其中的最大值，就可以将产出/投入标准化处理为0~1的数值，这个数值反映被评价单元与最优单元之间技术效率的差距。这种方法简单方便，但仅适用于单一投入、单一产出的情况，如果生产流程涉及复杂多项投入或复杂多项产出，则无法直接计算投入/产出的比值。这种情况下，必须对各投入和产出指标进行赋权重，然后计算加权产出/加权投入的比值，作为反映技术效率的指数。

（二）基于规模收益不变的CCR模型

1978年查恩斯（Charnes）、库珀（Cooper）和罗兹（Rhodes）三人在《欧洲运筹学杂志》（*European Journal of Operational Research*）发表论文"Measuring the efficiency of decision making units"，创立了DEA理论方法。在后来的DEA文献中，以Charnes、Cooper和Rhodes三人姓氏的首字母来命名他们创立的第一个DEA模型，即CCR模型。CCR模型假设规模效益不变（Constant Return to Scale，CRS），其得出的技术效率包含规模效率的成分，因此统筹为综合技术效率。

DEA将效率的测度对象称为决策单元（DMU），DMU可以是任何具有可测量的投入、产出（或输入、输出）的地区、部门、单位，如工厂、高等学校、医疗机构、项目执行单位（区域），也可以是个人，如公司CEO、大学生、护士等。DMU之间须具有可比性。

1. 投入导向 CCR 模型的规划式

通过计算产出投入比来测量技术效率,可以沿着这个思路来阐述 DEA 的基本原理。假如我们要测量一组共 n 个 DMU 的技术效率,记为 $DMU_j(j = 1,2,3,\ldots,n)$,每个 DMU 有 m 种投入,记为 $x_i(i = 1,2,3,\ldots,m)$,投入的权重表示为 $\nu_i(i = 1,2,3,\ldots,m)$,$q$ 种产出,记为 $y_r(r = 1,2,3,\ldots,q)$,产出的比重表示为 $u_r(r = 1,2,3,\ldots,q)$。当前要测量的 DMU 记为 DMU_k 其产出投入比 h_k 表示为

$$h_k = \frac{u_1 y_{1k} + u_2 y_{2k} + \ldots u_q y_{qk}}{\nu_1 x_{1k} + \nu_2 x_{2k} + \ldots \nu_m x_{mk}} = \frac{\sum_{r=1}^{q} u_r y_{rk}}{\sum_{i=1}^{m} \nu_i x_{ik}} (\nu \geq 0; u \geq 0)$$

(3-1)

现在将要测度的技术效率值附加一项限制条件,将所有 DMU 采用上述数值权重得出的效率值 θ_j 限定在

$$\frac{\sum_{r=1}^{q} u_r y_{rj}}{\sum_{i=1}^{m} \nu_i x_{ij}} \leq 1 \qquad (3-2)$$

查恩斯、库珀和罗兹三人创立的第一个 DEA 模型,是基于规模收益不变,其线性规模模型表示为

$$\max \frac{\sum_{r=1}^{q} u_r y_{rk}}{\sum_{i=1}^{m} \nu_i x_{ik}}$$

$$s.t. \ \frac{\sum_{r=1}^{q} u_r y_{rj}}{\sum_{i=1}^{m} \nu_i x_{ij}} \leq 1$$

$$v \geq 0; u \geq 0$$
$$i = 1,2,3,\ldots,m; r = 1,2,3,\ldots,q; j = 1,2,3,\ldots,n$$
(3-3)

上述非线性规划模型表达含义是，全部 DMU 的技术效率值不超过 1 的情况下，使被评价 DMU 的技术效率值最大化，因此模型量化的权重 u 和 v 是对被评价 DMU 最优的。从这种技术涵义上，CCR 模型是对被评价 DMU 的无效率情况作出的一种相对保守的估计，因为它赋予的权重是最有利于被评价者的，采用其他任何权重得出的效率值都不会优于这组权重得出的效率值。

为什么说 CCR 模型是基于规模收益不变的呢？假设一项经济模式的规模收益不变，则在产出结果不变的情况下，假设一个 DMU 的投入变为原来的 t 倍（$t > 0$），其产出也会随之变为原来的 t 倍。反过来推理，假设被评价 DMU_j 的投入和产出同时变为原来的 t 倍，在规模收益不变的情形下，其技术效率应该保持恒定。值得研究的是，CCR 模型在经济、规模不变的情形下测度出的技术效率是否保持不变呢？

DMU_k 的投入和产出都变为原来的 t 倍后，CCR 模型的目标函数为

$$\max \frac{\sum_{r=1}^{q} u_r ty_{rk}}{\sum_{i=1}^{m} v_i tx_{ik}} = \frac{t\sum_{r=1}^{q} u_r y_{rk}}{t\sum_{i=1}^{m} v_i x_{ik}} = \frac{\sum_{r=1}^{q} u_r y_{rk}}{\sum_{i=1}^{m} v_i x_{ik}}$$
(3-4)

由于同时存在于分子和分母 t，约掉后与原来的目标函数等价。同理，与 DMU_k 对应的约束也与原来的约束等价。因此，当被评价 DMU_k 的投入和产出都增加为原来的 t 倍时，CCR 模型与原模型等价，得出的效率不变，与规模收益不变的假设相符。

式（3-3）所示的 CCR 模型作为非线性规划，会出现无穷

多个最优解。假设向量 μ^* 和 v^* 是模型（3-3）的最优解，则 tu^* 和 tv^* 肯定也是模型（3-3）的最优解（$t > 0$）。

由于 $\sum_{i=1}^{m} v_k x_{ij} > 0$，模型（3-3）的约束等价于

$$s.t. \sum_{r=1}^{q} u_r y_{rj} - \sum_{i=1}^{m} v_i x_{ij} \leq 0 \qquad (3-5)$$

令 $t = \dfrac{1}{\sum_{i=1}^{m} v_i x_{ik}}$，则模型（3-3）的目标函数变为

$$\max t \sum_{r=1}^{q} u_r y_{rk} = \sum_{r=1}^{q} t u_r y_{rk} \qquad (3-6)$$

再令 $\mu = tu, v = tv$，非线性模型（3-3）变换为等价的线性规划模型

$$\max \sum_{r=1}^{q} \mu_r y_{rk}$$
$$s.t. \sum_{r=1}^{q} \mu_r - \sum_{i=1}^{m} v_i x_{ij} \leq 0$$
$$\sum_{i=1}^{m} v_i x_{ik} = 1$$
$$v \geq 0; \mu \geq 0$$
$$i = 1,2,3,\ldots,m; r = 1,2,3,\ldots,q; j = 1,2,3,\ldots,n$$
$$(3-7)$$

模型（3-7）是以求解 DMU_k 为例来表述投入导向 CCR 模型的线性规划，对于每个 DMU 都要分别建立规划式。

模型（3-7）的对偶模型为

$$\min \theta$$
$$s.t. \sum_{j=1}^{n} \lambda_j x_{ij} \leq \theta x_{ik}$$
$$\sum_{j=1}^{n} \lambda_j y_{rj} \geq y_{rk}$$

$\lambda \geq 0$

$i = 1,2,3,\ldots,m; r = 1,2,3,\ldots,q; j = 1,2,3,\ldots,n$

$$(3-8)$$

对偶模型（3-8）中，λ 表示 DMU 的线性聚合系数，模型的最优解 θ^* 代表效率值，θ^* 的范围为（0~1）。

$(x = \sum_{j=1}^{n} \lambda_j x_j, y = \sum_{j=1}^{n} \lambda_j y_j)$ 可以看作一个虚拟的 DMU，其投入不高于 DMU_k 的产出。如果 DMU_k 处于没有效率的状态，则最优解构建的虚拟 $DMU(\hat{x} = \sum_{j=1}^{n} \lambda_j^* x_j, \hat{y} = \sum_{j=1}^{n} \lambda_j^* y_j)$ 就是被评价 DMU_k 的目标值。

模型的目标函数最优解为 θ^*，$1-\theta^*$ 表示在目前生产技术水平下，被评价 DMU_k 在保证产出水平不变的情况下，其投入能够减少的最大限度。θ^* 越小，表示投入可以减小的幅度越大，效率越低。$\theta^* = 1$ 说明被评价 DMU 位于前沿面上，在保持产出的情况下，其各项投入没有等比例的空间，处于技术有效的状态；$\theta^* < 1$ 说明被评价 DMU 为技术无效率状态，在保持产出的情况下，其各项投入可以等比例下降的比例为（$1-\theta^*$）。

在模型（3-7）中，投入要素和产出要素权重系数与投入要素和产出要素在形式上是乘数和被乘数的关系，模型（3-7）通常称为 DEA 的乘数形式（Multiplier Form）。其对偶模型（3-8）确定的前沿为形式包络，将所有 DMU 包裹，通常称为 DEA 的包络形式（Envelopment Form）。

CCR 对偶模型（3-8）是以产出恒定的情况下，各项投入可以等比例减小的程度来测量无效率的状况，因此被称为投入导向的 CCR 模型。

2. 产出导向 CCR 模型的规划式

产出导向 CCR 模型的规划式为

$$\min \sum_{i=1}^{m} \nu_i \chi_{ik}$$

$$s.t. \sum_{r=1}^{s} \mu_r y_{rk} - \sum_{i=1}^{m} \nu_i \chi_{ij} \leq 0$$

$$\nu \geq 0; \mu \geq 0$$

$$i = 1,2,3,\ldots,m; r = 1,2,3,\ldots,q; j = 1,2,3,\ldots,n$$

$$(3-9)$$

其对偶模型为

$$\max \phi$$

$$s.t. \sum_{j=1}^{n} \lambda_j x_{ij} \leq x_{ik}$$

$$\sum_{j=1}^{n} \lambda_j y_{rj} \geq \phi y_{rk}$$

$$\lambda \geq 0$$

$$i = 1,2,3\ldots,m; r = 1,2,3\ldots,q; j = 1,2,3,\ldots,n \quad (3-10)$$

在对偶模型 (3-10) 是以投入恒定的条件下, 各项产出可以等比例增长的程度来对测量无效的情况进行分析, 因此被称为产出导向的 CCR 模型。

模型的最优解为 ϕ^*。在目前生产技术水平下, 被评价 DMU_k 在不增加投入要素的条件下, 其产出结果能够增长的最大比例为 $\phi^* - 1$。ϕ^* 越大, 表示产出结果可以增长的幅度越大, 效率越低。由于 $\phi^* \geq 1$, 所以一般采用 $1/\phi^*$ 表示效率值。

(三) 基于规模收益可变的 BCC 模型

CCR 模型假设生产技术的规模效益恒定, 或者虽然生产技术规模效益可变, 但假设所有被评价 DMU 均处于最优生产规模状态, 即处于规模效益不变阶段。但现实生产过程中, 大量生产单位并不能处于最优规模的生产状态,因此,CCR 模型得出的技术效率包括规模效率的成分。1984 年,班克(Banker)、查恩斯和库珀提出了估计规模效率的 DEA 模型,这一方法的提出对于 DEA 理论方法具有重要改进意义,以后的研究通常将此模型称为 BCC 模型。BCC 模型基于规模效益可变(Variable Return to Scale,VRS),得出的技术效率排除了规模的干扰,因此称为"纯技术效率"(Pure Technical Efficiency,PTE)。

1. 投入导向 BCC 模型的规划式

BCC 模型是在 CCR 对偶模型的基础上增加了约束条件 $\sum_{j=1}^{n} \lambda_j = 1 (\lambda \geq 0)$ 构成的,其作用是使投影点的生产规模与被评价 DMU 的生产规模处于同一水平。

$$\min \theta$$

$$s.t. \sum_{j=1}^{n} \lambda_j y_{ij} \leq \theta x_{ik}$$

$$\sum_{j=1}^{n} \lambda_j y_{rj} \geq y_{rk}$$

$$\sum_{j=1}^{n} \lambda_j = 1$$

$$\lambda \geq 0$$

$$i = 1,2,3,\ldots,m; r = 1,2,3,\ldots,q; j = 1,2,3,\ldots,n$$

$$(3-11)$$

BCC 模型(3-11)的对偶规划式为

$$\max \sum_{r=1}^{s} \mu_r y_{rk} - \mu_0$$

$$s.t. \sum_{r=1}^{q} \mu_r y_{rj} - \sum_{i=1}^{m} v_i x_{ij} - \mu_0 \leq 0$$

$$\sum_{i=1}^{m} v_i x_{ik} = 1$$

$$v \geqslant 0; u \geqslant 0; u_0 free$$

$$i = 1,2,3,\ldots,m; r = 1,2,3,\ldots,q; j = 1,2,3,\ldots,n$$

$$(3-12)$$

2. 产出导向 BCC 模型的规划式

产出导向 BCC 模型的规划式为

$$\min \varphi$$

$$s.t. \sum_{j=1}^{n} \lambda_j x_{ij} \leqslant x_{ik}$$

$$\sum_{j=1}^{n} \lambda_j y_{rj} \leqslant \varphi y_{rk}$$

$$\sum_{j=1}^{n} \lambda_j = 1$$

$$\lambda \geqslant 0$$

$$i = 1,2,3,\ldots,m; r = 1,2,3,\ldots,q; j = 1,2,3,\ldots,n$$

$$(3-13)$$

产出导向 BCC 模型也是在产出导向 CCR 模型（3-13）的基础上增加了约束条件 $\sum_{j=1}^{n} \lambda_j = 1$ 构成的，其对偶规划式为

$$\min \sum_{i=1}^{m} v_i x_{ik} + v_0$$

$$s.t. \sum_{r=1}^{q} \mu_r y_{rj} - \sum_{i=1}^{m} v_i x_{ij} - v_0 \leqslant 0$$

$$\sum_{r=1}^{s} \mu_r y_{rk} = 1$$

$$v \geqslant 0; \mu \geqslant 0; v_0 free$$

$$i = 1,2,3,\ldots,m; r = 1,2,3,\ldots,q; j = 1,2,3,\ldots,n$$

$$(3-14)$$

（四）FDH 模型

FDH 模型是由塔洛斯（Tulkess）在 1993 年提出的一种混合

整数线性规划（Mixed Integer Linear Programming，MILP）模型。从规划式上看，FDH 模型可以看作是在 VRS DEA 模型的基础上，将线性组合系数 λ 限定为 0 或 1，即 $\lambda \in \{0,1\}$。FDH 模型全称是 Free Disposal Hull，直接含义为自由处置壳（包）。FDH 这一名称主要体现的是 Free Disposal 的含义，即在生产可能集中投入和产出的可自由处置性（强可处置）。

以投入导向模型为例，FDH 模型表示为

$$\min \theta$$
$$s.t. \sum_{j=1}^{n} \lambda_j x_{ij} \leq \theta x_{ik}$$
$$\sum_{j=1}^{n} \lambda_j y_{rj} \geq y_{rk}$$
$$\sum_{j=1}^{n} \lambda_j = 1$$
$$\lambda \in \{0,1\}$$
$$i = 1,2,3,\ldots,m; r = 1,2,3,\ldots,q; j = 1,2,3,\ldots,n$$

(3-15)

三、数据包络分析模型构建

（一）DEA 模型对 *DMU* 指标数量的要求

DEA 为非参数前沿分析工具，虽然相对于参数方法，DEA 对 *DMU* 指标数量的要求相对较少，但是，如果 *DMU* 指标数量过少，例如，*DMU* 的指标数量比投入产出指标的数量还要少（$n < m + q$），则很容易出现大部分甚至全部 *DMU* 均有效的结果，使 DEA 失去对 *DMU* 效率进行区分的能力。一般来说，*DMU* 的指标数量不应少于投入和产出指标数量的乘积，同时不少于投入和产出指标数量的 3 倍，即

$$n \geqslant \max\{m \times q, 3 \times (m+q)\} \qquad (3-16)$$

但这只是一般性的指标数量要求,具体要根据 DEA 分析结果来判断。在实际分析中,往往 DMU 指标数量是固定的,当模型区分能力不足时,只能通过减少投入、产出指标数量或者增加决策单元数量来提高区分度。

(二)投入和产出指标的筛选

考虑生产要素可能聚集,DEA 模型的投入要素指标(x)和产出要素指标(y)应基本满足以下关系:

(1)x 能生产 y;

(2)y 是由 x 生产出来的。

在实际分析中,应严格区分投入产出指标与效率(或生产率)影响因素的不同。DEA 不要求投入要素指标或产出要素指标之间不存在高度相关性(共线性),共线性的存在不会导致分析结果的偏差。实际上,在现实经济活动中,往往客观上就要求两种(或两种以上)生产要素要按一定比例投入。但是,当指标数量繁杂而造成模型区分度不足时,从尽量减少投入产出指标数量并尽可能包含更多的生产要素的角度出发,可首先考虑从模型中排除一些指标。

DEA 模型是基于生产可能集理论的线性规划方法,生产可能集是 DMU 的线性组合,从理论上讲 DEA 模型中投入要素和产出要素指标必须可以线性相加。率(或比值)是由分子指标和分母指标相除得出的,如果各 DMU 的率指标的分母数值不同(实际应用中,往往是不同的),就会产生错误的生产可能集,还可能会产生不合逻辑的结果。如果直接采用率作为投入要素或产出要素指标,在 CRS 模型中,投影分析的结果中可能会出现率的目标值大于 100% 的情况。这时采取 VRS 模型可以避免这种偏差,但是 VRS 模型仍然存在 DEA 模型确定的生产前沿处于生产可能集之外的问题。

在 CRS 模型中,当率指标的分母数值在各 DMU 之间差别不大时,可近似认为该率指标满足可线性相加的条件;或者由于不满足可线性相加而造成的误差为研究目的所允许时,该率指标可以作为投入或产出指标。

当投入或产出指标中存在率时,可以采用两种方法对这些指标进行处理。

以产出导向的 VRS 模型为例,第一种方法是将率的分子作为产出指标,而将率的分母作为投入指标,其线性规划为

$$\max \phi$$
$$s.t\ X\lambda \leqslant x_0$$
$$Y\lambda \geqslant \phi y_0$$
$$N\lambda \geqslant \phi n_0$$
$$D\lambda \leqslant d_0$$
$$\sum_j \lambda_j = 1$$
$$\lambda \geqslant 0 \tag{3-17}$$

第二种方法是在线性规划式的左边将率指标拆分为分子指标和分母指标,分别进行线性计算,但在方程的右边不对被评价 DMU 的率指标进行拆分,其规划式为

$$\max \phi$$
$$s.t\ X\lambda \leqslant x_0$$
$$Y\lambda \geqslant \phi y_0$$
$$\frac{N\lambda}{D\lambda} \geqslant \phi r_0$$
$$\sum_j \lambda_j = 1$$
$$\lambda \geqslant 0 \tag{3-18}$$

其中，N 和 D 分别代表率指标的分子和分母，r_0 代表被评价 DMU 的率指标。

第一种方法的好处是保持了模型的线性规划，缺点是增加了投入要素或产出要素指标的数量，从而增加了对样本数量的要求；第二种方法的好处是没有增加投入要素和产出要素指标数量，但模型变为非线性规划问题。这两种方法的前提都是必须获得率指标的分子和分母数据。

（三）模型导向的选择

按照对效率的测量方法，DEA 模型可分为投入要素导向、产出要素导向和非导向。投入要素导向模型是从投入的角度对被评价 DMU 无效率程度进行测量，关注的是在不减少产出的条件下，要达到技术有效各项投入应该减少的程度，在其径向模型中，要求各项投入要素可以等比例缩减，测度无效率的情况；产出要素导向模型是从产出的角度对评价 DMU 无效率的程度进行测量，关注的是在不增加投入的条件下，要达到技术有效各项产出应该增加的程度，在其径向模型中，要求各项产出要素可以等比例缩减，测度无效率的情况；非导向模型则是同时从投入和产出两个方面进行测量。

在 DEA 模型中，"在产出恒定的情况下"实际意义是指"在产出不减少的情况下"，而"在投入恒定的情况下"实际意义是指"在不增加投入的情况下"。

导向模型的选择，主要取决于分析目标的需要。如果分析目标只是获得各评价单位的效率值，选择任何一种均可。如果需要作出进一步投影分析，从管理角度考虑，如果把减少投入作为对无效率单位提高效率的主要途径，应选择投入导向模型；如果把增加产出作为提高效率的主要途径，则应该选择产出导向模型。导向模型的选择要结合分析的具体研究领域去理解。

第三节 核心竞争力评价指标

一、评价指标引出

（一）决策单元（研究对象）的确定

为体现本研究对象——贵州省旅游竞争力，本书将与贵州相邻的省区市，包括湖南、广西、四川、重庆、云南，作为比较分析对象。这是因为，旅游目的地竞争具有区域选择性，通常资源相似、地理空间相近的旅游目的地竞争会越发激烈。贵州周边五省区市一方面在旅游资源上，具有较强的相似性，如自然山水景观、民族历史文化等都具有较高的相似性；另一方面地理空间上也相近，上述五省区市与贵州形成明显的旅游市场竞争关系。因此，将上述六省区市作为旅游目的地核心竞争力研究对象不管是在旅游资源吸引力还是空间竞争上都具有较强的可比性。

（二）研究步骤

旅游目的地核心竞争力主要由现实核心竞争力和潜在核心竞争力构成，其中，现实核心竞争力主要通过旅游绩效反映，亦即旅游目的地旅游效率体现；潜在核心竞争力主要通过旅游目的地管理反映，包括旅游目的地政府管理、旅游目的地旅游企业管理和旅游目的地社区居民管理。现实核心竞争力和潜在核心竞争力下又设有多项评价指标（要素），以综合反映旅游目的地核心竞争力状况。其研究步骤是，第一步，用数据包络分析方法算出旅游现实绩效。第二步，从影响旅游投入到产出过程的因素出发，用 Tobit 回归模型印证上述绩效。第三步，用调查数据验证上述结论所表现出的趋势的一致性。

二、评价指标选取与说明

(一) 旅游目的地核心竞争力评价指标选取原则

从生态理论视角评价省际层面旅游目的地核心竞争力,需要遵循科学评价原则,构建一套能充分体现旅游目的地核心竞争力水平和资料的综合评价指标体系。评价指标体系选取是否科学合理对旅游目的地核心竞争力评价结果影响巨大,因此,必须遵循一定的原则以确保所遴选的指标满足评价需要,故本书评价指标选取遵循以下原则。

1. 现实性与潜在性相结合原则

旅游目的地核心竞争力是现实核心竞争力和潜在竞争力的综合体,因此,在对旅游目的地核心竞争力进行综合评价时,既要分析评价旅游目的地现有的核心竞争力情况,也要分析其潜在的核心竞争力要素。所以,在对旅游目的地核心竞争力评价指标进行选择时既要考虑到旅游目的地现实旅游指标,如旅游资源情况、旅游收入、旅游接待人数等体现旅游目的地旅游发展的现实条件和成效,同时也要充分考虑对旅游目的地核心竞争力产生重要影响的相关指标,如旅游者目的地评价以及旅游目的地政府、企业和社区居民的意识、责任等。

2. 全面系统性原则

旅游目的地是一个综合的复杂系统,因此,要想科学合理地评价该系统情况,必然要以系统论的观点,构建系统全面的评价指标体系,以便科学、合理、充分地展示旅游目的地核心竞争力。所以,选择的指标应能够系统全面地反映旅游目的地核心竞争力。根据这一原则,在确定旅游目的地核心竞争力指标时既要考虑到旅游目的地已经实现的核心竞争力要素,也要考虑旅游目的地潜在核心竞争力要素(影响旅游目的地核心竞争力的旅游目的地管理要素);在遴选旅游目的地旅游投入要素时既要考虑到旅游资源、生态环境等核心要素,又要考虑到资本和劳动等要素;在选择旅游目的地核心竞争力具体要素时,既要包括绝对指标,也要包含相对指标。

3. 主体针对性原则

主体针对性原则强调在构建旅游目的地核心竞争力评价指标体系时要体现重要性,重点抓住具有能够代表旅游目的地核心竞争力的重点指标,做到有所取舍。旅游目的地核心竞争力的影响因素很多,若把所有的因素转为指标全部纳入评价系统中,那将是一个无法完成的工作。因此,必然要有针对性地选取那些至关重要且与核心竞争力直接相关的要素作为评价指标内容。如对旅游投入指标的选择上,将重点考虑省级以上的相关旅游吸引物单位,而不是将所有的要素都加以列入。

4. 普遍适用性原则

所选择的旅游目的地核心竞争力评价指标应能适用于以省级为单位的旅游目的地。考虑到不同旅游目的地在旅游业中发展定位的不同,一些旅游相关指标不适宜作为旅游目的地核心竞争力评价指标。如旅游收入占 GDP 的比重、旅游对就业的贡献等就不适合作为评价旅游目的地核心竞争力的现实业绩指标,因为不同旅游目的地(不同省份)旅游发展目标不一样,并且也有着不同的经济发展实际情况。

5. 数据可获得性原则

指标的选择最终将会被用于对旅游目的地核心竞争力的分析上,数据的可获得性是旅游目的地核心竞争力评价的保障。因此,对指标数据的可获得性也是旅游目的核心竞争力评价指标选取必须遵循的原则之一。在对旅游目的地核心竞争指标选取过程中,考虑到指标数据的可获得性,会适当扩大部分指标范围，如在对旅游投入资本指标化时，最为合理的应该是旅游投资指标，但考虑到旅游投资数据难以获得，故会用固定投资指标代替。

（二）旅游目的地核心竞争力体系特征

学术界对旅游目的地核心竞争力评价指标并没有形成一个统一的指标体系，已有的研究都是根据对旅游目的地核心竞争力决定要素的分析，按照各个决定要素选取相关旅游目的地核心竞争力评价指标。因此，值得一提的是，至今为止尚未形成一个适用于所有研究和所有旅游目的地的通用指标体系。通常，旅游目的地的某项决定因素可以通过多种指标进行衡量，并且研究视角不同，所选取的指标也会有差异。根据本书的研究视角和研究内容，在旅游目的地核心竞争力决定因素分析的基础上，结合旅游目的地核心竞争力分析模型和所研究旅游目的地的性质特征，将从旅游目的地旅游投入、旅游目的地管理以及旅游市场需求三个维度遴选出旅游目的地核心竞争力的评价指标体系。

根据旅游目的地核心竞争力的实现情况，旅游目的地核心竞争力可分为已实现核心竞争力和潜在核心竞争力。已实现核心竞争力是指旅游目的地在竞争过程中已经表现出来的核心竞争力，通常是以旅游目的地在竞争过程中取得的竞争业绩表示。潜在核心竞争力是由会对旅游目的地未来核心竞争力产生影响的因素决定的，是未实现的核心竞争力。因此，本书对旅游目的地核心竞争力的评价将从两个方面进行综合研判，一是对旅游目的地已实现核心竞争力的评价，主要通过评价旅游目的地竞争业绩；二是对旅游目的地潜在核心竞争力的评价，即评价旅游目的地核心竞争力影响因素对现有竞争业绩的影响。由于旅游目的地核心竞争力指标分为定性指标和定量指标两种类型，其中，定性指标是指具有一定主观判断的指标，如旅游者的评价、旅游者的期望等，这部分指标主要通过问卷调查获得；定量指标是指能够客观反映资源投入、生态环境状况或者旅游经济运行效果的指标，如旅游资本投入、劳动力投入、旅游资源量、环境质量指标以及旅游产出等相关指标，该部分指标可以通过官方获得。因此，在对旅游目的地指标进行选择时要兼顾定性和定量的有效结合。

（三）旅游目的地核心竞争力评价指标选取逻辑

本书的研究目的是在生态理论指导下来研究旅游目的地核心竞争力，因此本书基于生态环境是旅游目的地核心竞争力的重要决定因素这一前提假设。故，在对旅游目的地核心竞争力指标构建时，不可避免地会将生态环境指标以及影响生态环境的指标作为重点，以突显生态这一特色。核心关键因素是核心指标的来源，因此，核心竞争力指标的来源，就包括旅游目的地核心竞争力影响因素所量化出的旅游目的地核心竞争力指标体系和理论维度的生态理论指导下的生态指标。

与此同时，本书的研究重点是旅游目的地核心竞争力，因此在确定指标来源时，要考虑该指标所反映的影响因素的独特性和不易复制性。生态指标所反映的生态环境，是天然进化和长期培育的结果，在短期内具有不易复制的特点。与此同时，生态文明在当今社会已经成为世界潮流，而且人类的生态诉求日趋增长。所以，在生态理论指引下构建的生态文明指标，是研究生态核心竞争力的重要指标来源。不易复制性，是生态文明指标体系和旅游目的地核心竞争力指标体系的逻辑纽带（见图3-1）。可见，生态文明指标对本书研究具有一定的借鉴意义，但是由于本书研究的基于省级层面的整体核心竞争力评价，故在对生态指标的选择上并不意味着要原样照抄生态文明指标。

一般来说，定量研究生态文明建设，可以将其影响因子归

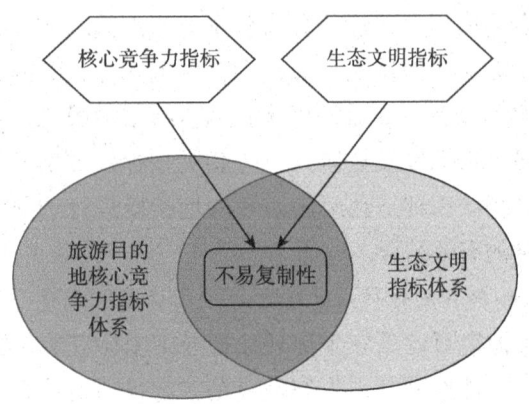

图3-1 基于生态理论的旅游目的地核心竞争力指标逻辑

结为五个指标体系：生态经济建设、生态环境建设、生态文化建设、生态社会建设、生态制度建设（见表3-2）。

生态经济建设指标主要包括人均GDP、服务业增加值占GDP比重、人均建设用地面积、万元产值建设用地、万元产值用电量、万元产值用水量。

生态环境建设指标主要包括污染物排放强度、生活垃圾无害化处理率、建成区绿化覆盖率、人均公共绿地面积、水网密度、湿地面积占国土面积比重、土地沙漠化治理率、空气质量达到二级以上天数占全年比重、主要城市噪声监控情况。

生态文化建设指标主要包括教育经费支出占GDP比重、万人拥有学校教师数、人均教育经费、R&D经费占消费总支出的比重、居民文化娱乐消费支出占总消费支出的比重。

生态社会建设指标主要包括城乡居民收入比、万人拥有医生数、养老保险覆盖面、人均用水量。

生态制度建设指标主要包括生态政策文件字数、生态法律法规字数、生态执法队伍人数、生态规划完备情况、环境污染与破坏事故次数。

表3-2 生态文明指标体系

总体层	系统层	指标层	指标属性
生态文明指标	生态经济建设	人均GDP	正指标
		服务业增加值占GDP比重	正指标
		人均建设用地面积	正指标
		万元产值建设用地	逆指标
		万元产值用电量	逆指标
		万元产值用水量	逆指标
	生态环境建设	污染物排放强度	逆指标
		生活垃圾无害化处理率	正指标
		建成区绿化覆盖率	正指标
		人均公共绿地面积	正指标
		水网密度	正指标
		湿地面积占国土面积比重	正指标
		土地沙漠化治理率	正指标
		空气质量达到二级以上天数占全年比重	正指标
		主要城市噪声监控情况	正指标
	生态文化建设	教育经费支出占GDP比重	正指标
		万人拥有学校教师数	正指标
		人均教育经费	正指标
		R&D经费占消费总支出的比重	正指标
		居民文化娱乐消费支出占总消费支出的比重	正指标
	生态社会建设	城乡居民收入比	逆指标
		万人拥有医生数	正指标
		养老保险覆盖面	正指标
		人均用水量	逆指标

续表

总体层	系统层	指标层	指标属性
生态文明指标	生态制度建设	生态政策文件字数	正指标
		生态法律法规字数	正指标
		生态执法队伍人数	正指标
		生态规划完备情况	正指标
		环境污染与破坏事故次数	逆指标

资料来源:《贵阳市建设生态文明城市指标体系及监测方法》。

由此可见,指标体系从正反两个指标属性出发,较为科学全面地列举了生态文明指标,为旅游目的地核心竞争力指标提取奠定了科学的指标基础。

(四)旅游目的地核心竞争力评价指标选取结果

从旅游目的地核心竞争力的构成角度来看,本书认为旅游目的地核心竞争力应体现为现实核心竞争力(由现实竞争业绩体现)和潜在核心竞争力(由核心竞争力潜在影响因素决定)。而在旅游目的地核心竞争力的决定因素中,不难看出,旅游投入要素会直接决定旅游目的地的供给情况,故该要素应属于旅游现实核心竞争力的体现内容之一。旅游目的地管理要素并不会直接构成旅游目的地旅游供给和旅游需求,但能够对旅游目的地供给和旅游需求产生影响,因此,其属于旅游目的地潜在核心竞争力的范畴。综上,可以将旅游目的地核心竞争力三大方面的指标体系进一步归纳为:旅游目的地现实核心竞争力指标和旅游目的地潜在核心竞争力指标。

1. 旅游目的地现实核心竞争力指标

如前所述,旅游目的地现实核心竞争力主要是在旅游市场中由旅游目的地旅游供给和旅游需求所表现出来的,即旅游目的地旅游投入和旅游产出。

(1) 旅游目的地旅游投入要素指标。

旅游业作为一个产业必然要遵循经济投入产出规律,旅游目的地旅游投入是决定旅游目的地核心竞争力的重要因素。按照旅游业投入的类型主要分为:旅游资源投入、资本投入、劳动力投入、土地投入等,考虑到土地投入对于当前旅游发展而言,虽然是不可或缺的投入,但由于旅游业属于国家和地方政府积极鼓励发展的产业,各地对旅游发展的土地供应限制相对较小,一般都会给予保障,因此,本书并未将土地指标列入。同时,基于生态环境的重要性,本研究在选择旅游目的地资源投入要素指标时,将生态环境指标列入。

(2) 旅游目的地旅游产出(需求)要素指标。

旅游目的地旅游产出(需求)要素指标反映的是旅游目的地当前所取得的竞争业绩情况。在以往的旅游竞争力研究中,旅游收入和旅游人数是两个得到国内外学者一致认可的竞争业绩评价指标,此外,也有将游客增长率作为旅游目的地竞争指标的(中国城市经济学会)。当然,部分学者也把旅游业对当地经济的贡献、对当地就业的贡献、旅游投资;饭店营业收入、饭店客房出租率;游客人均日消费额、旅游企业的劳动生产率、游客停留时间等作为指标。基于旅游目的地旅游业绩表现指标多样,本研究在借鉴以往评价指标的基础上,主要遴选旅游总收入、旅游接待总人数等指标。

2. 旅游目的地潜在核心竞争力指标

旅游目的地潜在核心竞争力指标主要包括旅游目的地管理要素指标和旅游目的地游客评价指标。

(1) 旅游目的地管理要素指标。

围绕影响旅游目的地核心竞争力的管理主体,从旅游目的地政府、企业和社区居民三个方面构建旅游目的地管理要素指标。鉴于本研究的视角，在对旅游目的地管理要素指标设置时重点围绕旅游目的地生态管理进行。

（2）旅游目的地游客评价指标。

主要包括旅游者对旅游目的地的认同、体验评价等。

（五）旅游目的地核心竞争力评价指标解读

1. 投入指标解读

根据前述构建的旅游目的地核心竞争力评价指标体系，输入要素主要涉及旅游目的地核心竞争力旅游投入要素，包括土地投入、资金投入、劳动力投入、旅游资源投入以及生态环境投入。

（1）土地投入要素。土地要素投入虽然是必要性投入，但考虑到旅游业属于国家鼓励支持类行业，各地政府对旅游用地都有一定政策倾斜，同时旅游用地数据很难获得，故国内外学者在研究旅游投入时一般不予考虑❶，本书也作此处理。

（2）资金投入要素。资金投入作为影响旅游目的地发展的重要因素，是推动旅游环境改善等的关键要素。与旅游目的地核心竞争力直接相关的资金投入是旅游投资，但由于各地旅游投资数据难以获取，同时鉴于旅游业的综合性特征，固定资产投资比重较大的部分，如基础设施、公共服务设施等都与旅游息息相关，因此，本书选取固定资产投资作为资金投入要素。

（3）劳动力投入要素。作为典型的劳动密集型行业，旅游业对劳动力的依赖性十分突出。通常，旅游消费由旅游实物产品和旅游服务构成，其中，旅游服务是构成旅游产品的核心要素，在满足旅游者需求过程中具有核心地位，而旅游服务必须

---

❶ 孙玉琴. 基于DEA的滨海区域生态旅游效率评价及优化研究[D]. 长沙：中南林业科技大学，2012.

依赖于旅游业从业人员的劳动完成,所以,旅游业从业人数是旅游目的地劳动力投入要素最合适的表达。故本书选取旅游业从业人数作为劳动力投入要素。

(4) 旅游资源投入要素。旅游资源是吸引旅游的核心要素,是旅游目的地得以形成的根原因,是旅游目的地系统运行的重要投入内容。旅游资源投入要素涉及内容较多,其中最具影响的是A级景区,其作为具有接待能力的小型旅游目的地,是实实在在的旅游接待场所,对大多数旅游者而言,A级景区是其旅游的主要场所。考虑到A级景区不同级别的差异,本书采取数量和等级计分加总的方式纳入计算,即1A级景区1分、2A级景区2分、3A级景区3分,4A级景区4分,5A级景区5分。

(5) 生态环境投入要素。生态环境要素既是旅游目的地得以形成的基本要件,也是旅游目的地吸引旅游者的重要依仗,因此,生态环境要素是旅游目的地核心竞力形成并得以持续维系的重要组成部分。基于生态理论的旅游目的地核心竞争力评价,必然要考虑生态环境要素在旅游目的地核心竞争力中的作用。将生态环境列入旅游目的地投入产出效率分析的投入要素,也是本研究区别于其他研究视角的最根本之处。就旅游者而言,旅游目的地整体生态环境固然对其有吸引力,但鉴于旅游者活动指向的具体性,旅游者在旅游目的地的活动范围是局部性的,而非全域性的,因此,对旅游者影响更大的生态环境具有显著的区域性特征,对旅游者旅游活动有直接影响的生态环境是局部性和区域性的,即表现为旅游者活动具体区域的生态环境,而自然保护区、森林公园、风景名胜区、自然文化遗产地等都是承接旅游目的地生态环境的重要载体,在我国A级景区和自然保护区、森林公园、风景名胜区、自然文化遗产地等在地域上具有极大的重叠性,而后者的生态环境是其评价的重要指标,因此，自然保护区、森林公园、风景名胜区、自然文化遗产地等的面积能更好地体现对旅游目的地核心竞争力形成起作用。故，本书将省级以上自然保护区、森林公园、风景名胜区以及自然文化遗产地等的面积作为旅游目的地的生态环境投入要素。

2. 输出变量选取

输出变量主要是考量旅游目的地有关产出的指标内容。通常，旅游目的地的产出主要体现在旅游发展给当地带来的各种综合效益，通常由经济效益、生态效益和社会效益组成。目前，国内外有关旅游效率研究通常将旅游接待人次或旅游收入作为旅游产出的主要指标，本书也作此处理。

（六）旅游目的地潜在核心竞争力指标

旅游目的地潜在核心竞争力指标主要包含旅游目的地政府管理、旅游目的地企业管理、旅游目的地社区居民管理以及旅游者对旅游目的地的评价（见表3-3）。

表3-3 生态理论视角的旅游目的地潜在核心竞争力指标

要素	指标	指标属性	数据来源
政府管理	环保投入	正指标	2012—2021年各省份统计年鉴
	环境事故突发事件次数	逆指标	2012—2021年各省份统计年鉴
	万元GDP的COD排放量	逆指标	2012—2021年各省份统计年鉴
	万元GDP的SO_2排放量	逆指标	2012—2021年各省份统计年鉴
企业管理	旅游企业生态形象	正指标	旅游企业问卷调查
	企业对生态的关注度	正指标	旅游企业问卷调查
	企业的社会责任	正指标	旅游企业问卷调查

续表

要素	指标	指标属性	数据来源
社区居民管理	社区居民生态意识（态度）	正指标	社区居民问卷调查
	社区居民生态责任（行为）	正指标	社区居民问卷调查
旅游者评价	旅游者生态认同	正指标	旅游者问卷调查
	旅游者生态体验	正指标	旅游者问卷调查
	旅游者生态评价	正指标	旅游者问卷调查

第四章　贵州旅游目的地核心竞争力实证研究

本章在分析贵州省旅游目的地发展进程的基础上，基于生态理论的旅游目的地核心竞争力评价模型，系统分析贵州及周边五省区市（广西、湖南、四川、云南、重庆）的旅游效率（竞争力），并将其与旅游目的地核心竞争力影响因素进行印证。

第一节　贵州旅游目的地发展进程分析

一、贵州旅游发展现状

（一）贵州旅游发展基础

1. 旅游资源禀赋梳理

贵州位于中国西南腹地，是典型的喀斯特地貌，拥有神奇秀美的山水风光、多彩浓郁的民族风情和优质丰富的旅游资源。喀斯特自然风光、原生态民族文化与民间传统文化、红色旅游文化及得天独厚的温和气候，组成了贵州多样性、活态性、全域性的旅游资源，比较优势突出。贵州有着"国家公园省"的美誉，被称为自然遗产、文化遗产以及非物质文化遗产的"聚宝盆"。

贵州旅游资源大普查结果显示，贵州大地分布着由地文景观、水域风光、遗址遗迹、建筑与设施、旅游商品、人文活动、生物景观、天象与气候 8 个主类构成的旅游资源 82679 处，其中，普通级旅游资源 75072 处，占全部旅游资源的 90.80%（含未获等级旅游资源、一级和二级旅游资源）；优良级旅游资源（三级及以上旅游资源）7607 处，占全部旅游资源的 9.20%。在这些普查的旅游资源中，目前已经启动开发的旅游资源单体有 31053 处，占全部旅游资源的 37.56%；尚未启动开发的旅游资源单体共 51626 处，占全部旅游资源的 62.44%。可见，贵州省拥有丰富的旅游发展后备资源，旅游经济发展后劲十足。

2. 交通区位基础

大交通格局——西南枢纽。近些年来，贵州旅游发展的交通基础设施条件得到很大改善，旅游可进入性水平有大幅度提升，大交通瓶颈逐步被破解。截至"十三五"末，贵州省公路和铁路通车里程分别达到 28.9 万千米和 4000 千米，其中高速公路 7600 千米（实现县县通高速），高速铁路 1500 千米，高速公路出省通道达 19 个，贯通与相邻省（区、市）两个以上省际大通道。通航机场实现市州全覆盖，2019 年机场旅客吞吐量达到 2910 万人次。乌江基本实现通航，全省高等级航道达到 3900 千米。贵州覆盖全域的立体化快速交通体系加速形成：高速公路网的初步形成，为贵州省自驾旅游创造了自由的通途；纵贯省内的高速铁路，打通了东西南北的交通；规划建设"一干十六支"航空网络，将会联通五大洲、四大洋；构建"四江一河、五水出境"格局，创造旅游大省的水上通途。2016 年以来，贵州省可进入条件进一步改善，增开高铁 22 对，开辟贵阳至首尔直飞航线，新增马来西亚至黔西南、杭州至安顺、广州至荔波、上海至凯里旅游包机。沪昆高铁贵阳至昆明段 2016 年年底开通；贵阳至重庆、成都、郑州高铁已开通；贵阳至南宁高铁已开工建设。交通的改善,催生了贵州发展全域旅游的创新与变革。高速交通时代的到来,极大地提升了贵州山水的价值,为贵州创造"慢"的价值,旅游业是贵州走出经济洼地的必然选择。2019 年省外游客保持了较快的增长速度,客源结构进一步优化,贵州省接待入黔游客 12296.03 万人次,同比增长 30.12%（2020 年开始由于受到新冠疫情影响,情况非常特殊,不具有典型代表意义,因此取 2019 数据加以说明）。

3. 旅游接待服务设施基础

旅游接待服务设施加快改善,基本形成覆盖主要旅游城市、旅游景区的游客接待服务中心体系。旅游住宿接待设施得到改善,大力推进旅游标准化建设,省级层面出台了《贵州省旅游民族村寨设施与服务规范》《贵州省乡村旅舍质量等级评定管理办法》等文件。各地根据实际制定相应的规范体系,如制定了安顺市乡村旅游示范户规范及评价指标体系。建成一批星级酒店、特色主题酒店、乡村旅舍和房车露营基地。截止到 2020 年 12 月 31 日,贵州共有星级酒店 337 家,其中三星级以上酒店达到 231 家,住宿接待能力增加到 90 余万个床位。旅行社和旅游中介机构加快发展,截止到 2020 年 12 月 31 日,贵州省旅行社增加到 665 家,其中出境游组团社 31 家。旅游信息化建设取得很大成就,以黄果树和丹寨万达小镇为代表的部分重点景区,已经建设完成数据中心、景区免费 WiFi 系统、智能可视化视频系统、高速公路网、电子商务网、线上线下一体化系统、智慧票房系统等七大主系统。旅游行业服务意识不断强化,服务能力和服务质量明显提升。

4. 政策保障基础

贵州省委省政府高度重视旅游业对促进地方经济社会发展的作用,将旅游业作为践行习近平总书记守住两条底线要求、推动贵州省产业转型升级的战略重点和贵州省千方百计做强的"三块长板"之一,作出打造国际山地旅游目的地的战略部署。目前,旅游业已然成为贵州发展经济、繁荣文化、涵养生态、造福百姓的崇高事业,旅游业发展已经深深地嵌入贵州社会经济发展的方方面面,突出表现为旅游业与三次产业间的紧密融合,旅游业与公共基础设施建设、生态文明建设和精神文明建设等的有效结合,等等。贵州省连续11年召开高规格的旅游发展大会,成立了以省长为组长的"贵州省旅游发展和改革领导小组",省发改委、省扶贫办、省旅发委等10多家省直单位主要负责人为成员,定期研究旅游发展中的重大事项。仅2016年,贵州省就出台了《贵州省旅游条例》,省主要领导32次、省领导67次就旅游工作作出重要批示,省领导8次组织召开旅游发展动员会、推进会和调度会,作出一系列安排部署。各地狠抓落实,贵阳、安顺党政领导拜会国家旅游局(现为文化和旅游部),积极争取各方面支持。遵义、黔西南先后成功承办第十一届贵州省旅发大会和2016国际山地旅游暨户外运动大会,六盘水、毕节、铜仁、黔东南、黔南等市州党政主要领导亲自安排部署旅游工作。2006—2020年,贵州省通过在地州轮流举办的方式举办全省旅游产业发展大会,通过举办一次大会,成熟一批项目,带火一批旅游目的地,形成了贵州全省一盘棋、上下一条心大抓旅游、特抓旅游的强大合力。可以说,举办旅游产业发展大会是贵州发展旅游的一种创新模式,为其他兄弟省份发展旅游提供了易复制、可借鉴的旅游发展举措。

(二)贵州旅游发展进程

贵州旅游业是随着改革开放应运而生的。20世纪80年代贵州旅游业在探索中起步,根据贵州历年旅游收入水平和接待规模,贵州旅游业发展大致经历了以下几个阶段。

第一阶段：起步阶段。1980—2000年，贵州旅游业发展处于起步阶段，其发展方式主要是地方自发发展。❶以贵州接待香港师生暑期旅游团为标志，贵州步入现代旅游业发展历程。1981年贵州第一家旅行社成立（中国国际旅行社贵阳分社）。在改革开放的大浪潮下，一些旅游开发条件相对较好的县（市）大力发展旅游业，涌现出了一批以自然风光和民族村寨为代表的旅游景区（景点），如黄果树、织金洞、上朗德苗寨等，带动了地区经济社会的发展和群众脱贫致富。经过一段时间的发展，贵州旅游业具备了一定的接待能力，旅游业初具规模，但此时的贵州旅游发展水平与周边同期湖南、四川、广西等地相差较远。

第二阶段：规范发展阶段。2001—2005年，贵州旅游业进入规范发展阶段，发展方式由地方自发发展转向政府规范发展。在此阶段，政府层面对贵州旅游业的发展计划提上日程。从2001年起，贵州省先后出台了《关于加快发展旅游业的意见》《贵州旅游发展总体规划》《贵州省乡村旅舍等级评定与管理》《贵州乡村旅游发展规划》等政策规划，组建了旅游发展振兴委员会，并成功举办了两届中国·贵州乡村旅游国际论坛。在《关于加快发展旅游业的意见》中，确立了旅游业支柱产业定位。

第三阶段：加速发展阶段。2006—2019年，贵州旅游业进入加速发展阶段。这一阶段是贵州旅游业大开发、大建设、大发展的阶段。在这一阶段，贵州省将旅游业从2002年定位的"支柱性产业"上升为"战略性支柱产业"，并提出建设旅游经

---

❶ 胡北明，雷蓉，曾绍伦. 贵州省旅游发展的热点问题研究［M］. 成都：西南财经大学出版社，2015：134.

济大省战略。在 2012 年，旅游业再次升格为国家层面的"文化旅游发展创新区"，提出建设"世界知名、国内一流的旅游目的地"战略目标。贵州在全省范围内通过打造旅游精品战略，以"七大旅游基地建设""建设 100 个旅游景区"和旅游发展大会为抓手，各县（市、区）加大旅游投资力度，同步推进旅游基础设施建设和旅游品牌建设，促进了旅游业的快速发展。"十一五"期间，贵州旅游总收入实现年均增长 33.4%，旅游接待总人数实现年均增长 32.8%；"十二五"期间，贵州旅游总收入实现年均增长 23.9%，旅游接待总人数实现年均增长 27%。"十三五"期间，除了 2020 年受新冠疫情影响外，贵州旅游总收入和旅游接待总人数更是实现了平均 30% 以上的增长（见表 4-1）。

第四阶段：转型发展阶段。贵州经历了大规模投资发展，特别是贵州实施旅游扶贫期间，贵州通过举办政府融资平台公司，大规模举债发展旅游，全省形成大量的低效闲置旅游项目。2020 年以后，因新冠疫情的影响，贵州旅游和全国旅游一样，受到前所未有的冲击，甚至一度出现停滞状态。贵州旅游整体上出现从数量型向质量型转型，盘活低效闲置旅游项目和创新旅游业态成为后疫情时代贵州旅游发展的主旋律。贵州旅游进入被迫转型与主动作为相结合的新阶段。

表 4-1 2011—2020 年贵州主要旅游统计指标[1]

年份	总人数（万人）	同比增长（%）	旅游总收入（亿元）	同比增长（%）	入境旅游人数（人次）	同比增长（%）	国际旅游（外汇）（万美元）	同比增长（%）	国内旅游人数（万人次）	同比增长（%）	国内旅游收入（亿元）	同比增长（%）
2011	17019.36	31.80	1429.48	34.70	585148	17.02	13507.18	4.24	16960.85	31.86	1420.70	34.97
2012	21401.18	25.75	1860.16	30.13	705038	20.49	16893.6	25.07	21330.68	25.76	1849.49	30.18
2013	26761.28	25.05	2370.65	27.44	776992	10.21	20143.41	19.24	26683.58	25.09	2358.18	27.50
2014	32134.94	20.08	2895.98	22.16	855047	10.05	21671.23	7.58	32049.44	20.11	2882.66	22.24
2015	37630.01	17.10	3512.82	21.30	940853	10.04	20111.94	6.53	37535.92	17.12	3500.46	21.43
2016	53148.42	41.24	5027.54	43.12	1101900	17.12	25270.74	25.65	53038.74	41.30	5011.94	43.18
2017	74417.43	40.02	7116.81	41.56	1267900	15.06	28326.58	12.09	74290.64	40.07	7097.91	41.62
2018	96858.12	30.16	9471.03	33.08	1465500	15.58	31762.59	12.13	96711.56	30.18	9449.58	33.13
2019	113526.60	17.21	12318.86	30.07	1613100	10.07	34503.00	8.63	113365.29	17.22	12296.03	30.12
2020	61781.49	-45.58	5785.09	-53.04	43600	-97.30	5785.09	-83.23	61777.13	-45.51	5783.64	-52.96

[1] 资料来源：贵州省文化和旅游厅。

二、贵州旅游发展与周边五省区市旅游发展比较分析

从地理区位来看,贵州与广西、湖南、重庆、四川和云南接壤,具有较为显著的区域旅游竞争性;从旅游资源和旅游产品构成来看,具有一定的资源和产品相似性,如自然、民族历史文化等,表现为一定的市场竞争性。

(一) 旅游发展宏观环境比较

从表4-2可以看出,贵州及其周边五省区市中,贵州国土面积和人口分别为17.62万平方千米和3530万人,分别位列第5,仅排在重庆市(8.24万平方千米和3017万人)之前;地区生产总值和固定资产投资排在最后,分别为10503亿元和10945.54亿元;森林覆盖率为50%排在重庆(45%)和四川(36.88%)之前。

表4-2 2015年贵州与周边五省区市基本情况

地区	国土面积(万平方千米)	人口(万人)	地区生产总值(亿元)	固定资产投资(亿元)	森林覆盖率(%)
广西	23.76	4796	16803	15654.95	62.50
贵州	17.62	3530	10503	10945.54	50.00
湖南	21.18	6783	29047	24324.17	57.57
四川	48.6	8204	30103	24965.56	36.88
云南	39.4	4742	13718	13069.39	59.38
重庆	8.24	3017	15720	14208.15	45.00

资料来源:各省区市2016年统计年鉴。2011—2020年,取中间年份2015年数据作为代表性数据。

(二) 旅游统计指标比较

1. 旅游收入比较

从表 4-3 可以看出，在贵州及其周边五省区市中，2011—2020 年四川省旅游总收入一直处于领先位置。但从旅游总收入占 GDP 的比重来看，贵州省名列前茅，2020 年分别比第二位的云南和末位的重庆高 6.04 个百分点和 28.55 个百分点。可见，相对其他地区而言，旅游业在贵州省经济社会发展中的地位更为重要，贵州省理应将旅游发展置于重要地位，将其作为战略性支柱产业加以培育。同时，根据比较优势理论，发展旅游业是符合贵州依托资源本底的相对比较优势的。

从旅游收入增长来看（如图 4-1 所示），六省区市旅游增长总体呈现回落趋势，特别是 2020 年，各省区市均出现了大幅回落。前九年间，贵州增长回落较为平稳，而周边五省区市波动相对较大。其中重庆波动最大。

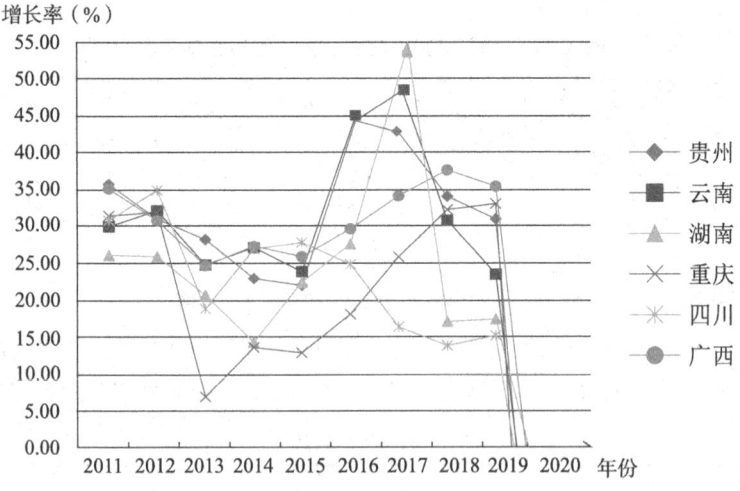

图 4-1 2011—2020 年贵州及周边五省区市旅游收入增长情况

表4-3 2011—2020年贵州及周边五省区市旅游收入及其占GDP的比重   单位:亿元,%

年份	贵州 旅游收入	贵州 占GDP比重	云南 旅游收入	云南 占GDP比重	湖南 旅游收入	湖南 占GDP比重	重庆 旅游收入	重庆 占GDP比重	四川 旅游收入	四川 占GDP比重	广西 旅游收入	广西 占GDP比重
2011	1429.48	25.07	1300.30	14.62	1785.80	9.08	917.85	9.17	2449.2	11.65	1277.8	10.90
2012	1860.16	27.15	1702.50	16.51	2234.10	10.08	1662.20	14.57	3280.3	13.75	1659.7	12.73
2013	2370.65	29.31	2111.20	17.84	2681.90	10.89	1771.00	13.85	3877.4	14.76	2057.1	14.24
2014	2895.98	31.25	2665.70	20.80	3050.70	11.28	2003.40	14.05	4891	17.14	2602	16.60
2015	3512.82	33.45	3281.80	23.92	3712.90	12.78	2251.31	14.32	6210.50	20.39	3254.2	19.37
2016	5027.54	42.63	4726.25	28.87	4707.40	15.06	2645.00	14.67	7705.54	23.25	4191.40	28.32
2017	7116.81	52.30	6922.23	37.44	7172.60	20.73	3308.04	16.49	8923.06	23.54	5580.40	34.62
2018	9471.03	61.68	8991.44	43.06	8355.7	22.93	4344.15	20.12	10112.75	23.57	7619.90	38.82
2019	12318.86	73.46	11035.20	47.51	9762.3	24.55	5739.07	24.31	11594.32	25.00	10241.40	48.23
2020	5785.09	32.45	6477.03	26.41	8261.9	11.26	979.18	3.90	7173.29	14.76	7267.50	32.80

数据来源:贵州及周边五省区市2011—2020年国民经济和社会发展统计公报。

2. 旅游接待人数比较

从旅游接待人数来看,2011—2020 年,四川、湖南、重庆一直位列前三,2011 年贵州旅游接待人数在六省区市中排在末位,为 17019.36 万人,到 2015 年贵州旅游接待人数达到 37630.01 万人,位列第四位,2019 年贵州旅游接待人数更是冲到了首位(见表 4-4)。

表 4-4 2011—2020 年贵州及周边五省区市旅游接待人数

单位:万人次

年份	贵州	云南	湖南	重庆	四川	广西
2011	17019.36	17081.91	25328.29	22210.00	35141.79	17559.79
2012	21401.18	20518.41	30506.33	29000.00	43679.11	21128.27
2013	26761.94	25028.60	36058.12	30800.00	48906.06	24655.54
2014	32134.94	29149.45	41202.53	34900.00	53789.86	28986.18
2015	37630.01	32914.03	47331.00	39167.63	58773.83	34111.00
2016	53148.42	43119.71	56548.00	45000.00	63333.79	40467.25
2017	74417.43	57339.81	66935.00	54230.21	67260.17	51863.24
2018	96858.12	68847.80	75301.00	59723.71	70568.26	67823.23
2019	113526.60	80716.79	83154.00	65708.03	75496.36	87057.39
2020	6178.49	52944.72	69336.00	29030.34	45132.02	66116.68

数据来源:贵州及周边五省区市 2011—2020 年国民经济和社会发展统计公报。

从旅游接待人数增长情况来看,2011—2020 年贵州及周边省区市旅游接待人数增长逐渐回落,贵州旅游接待人数增长回落趋势平稳，波动不大，而其他省区市回落幅度较大，波动较大，其中四川省回落尤为明显。需要特别说明的是，2020年受疫情影响，各省区市旅游接待人数和旅游收入都出现了"断崖式"下降（见图4-2）。

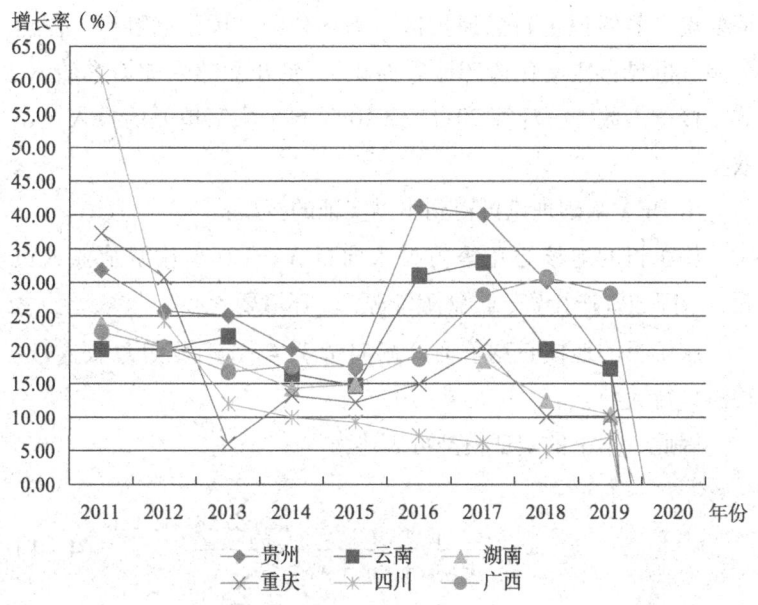

图4-2 贵州及周边五省区市旅游接待人数增长情况

第二节 效率分析

一、实证模型及数据来源

（一）实证模型

本书选取贵州及其周边五省区市作为旅游目的地核心竞争力决策单元（DMU），运用MAX DEA软件得到6个决策单元，按照所遴选的投入产出指标,即投入要素:劳动力(旅游从业人员数)、资本(固定资产投资)、旅游资源(A 级景区加权分数,加权算法为 AAAAA 级景区计 5 分,AAAA 级景区计 4 分,AAA 级景区计 3 分,AA 级景区计 2 分,A 级景区计 1 分)、环境要素(省级以上自然保护区、森林公园、风景名胜区、湿地公园、世界自然文化遗产地等面积)。产出要素:旅游总收入、旅游接待人数等,计算 2011—2020 年 6 个决策单元的投入产出效益。

由 DEA 基础理论可得到本书实证的模型:

旅游目的地核心竞争力投入向量 $X = (x_1$旅游从业人员数,x_2固定资产投资,x_3旅游资源,x_4环境要素);

旅游目的地核心竞争力产出向量 $Y = (y_1$旅游总收入,y_2旅游接待人数)。

因此,本书的实证模型可表述为

$$h_k = \frac{y_{1k} + y_{2k}}{x_{1k} + x_{2k} + x_{3k} + x_{4k}} = \frac{\sum_{r=1}^{2} y_{rk}}{\sum_{i=1}^{4} x_{ik}} \qquad (4-1)$$

其中:h_k 表示决策单元 DMU_k 的产出投入比;y_{1k} 表示决策单元 DMU_k 的旅游总收入;y_{2k} 表示决策单元 DMU_k 的旅游接待人数;x_{1k} 表示决策单元 DMU_k 的旅游从业人数;x_{2k} 表示决策单元 DMU_k 的固定资产投入;x_{3k} 表示决策单元 DMU_k 的旅游资源(A 级景区加权分数);x_{4k} 表示决策单元 DMU_k 的环境要素(省级以上自然保护区、森林公园、风景名胜区、湿地公园、世界自然文化遗产地等面积)。

(二)数据来源

模型中 DEA 效率分析所涉及的 6 个方面数据都是基于各决

策单元统计数据,由于需要计算决策单元 2011—2020 年的旅游现实业绩(竞争力),因此,旅游总收入、旅游接待人数、旅游从业人数和 A 级景区加权分数成为确定的指标(来源于 2012—2021 年中国旅游统计年鉴或者官方网站统计数据);固定资产投资来源于 2012—2021 年中国统计年鉴和各决策单元 2011—2021 年统计公报;环境要素主要基于决策单元省级以上自然保护区、森林公园、风景名胜区、湿地公园、世界自然文化遗产地等面积,其主要来源于各决策单元主体功能区规划。

影响因素 Tobit 印证所采用的数据,如各决定单元的环保投入、环境事故突发事件次数、万元 GDP 的 COD 排放量和万元 GDP 的 SO_2 排放量数据来源于 2012—2021 年各省区市环保公告。影响因素调查分析印证中所采用数据,包括旅游企业影响因素、社区居民影响因素和旅游者影响因素分别来自对各决策单元旅游企业、社区居民和游客的问卷调查。

二、一般效率

根据 MAX DEA 软件计算结果,2011—2020 年贵州及其周边五省区市动态效率值见表 4-5。在发展趋势上,贵州在 2019 年的效率值为 1,且多年排在第一位;广西前 8 年多次垫底,但是 2019 年和 2020 年排在了第一位;湖南一直排名靠后;云南一直处在中游位次;四川在第四位至第六位交替;重庆排名比较靠前(见图 4-3)。

按照一般效率计算结果,贵州及其周边五省区市效率值可以分为两组,一组表现为有效,另一组表现为无效(见表 4-6)。

表4-5 2011—2020年贵州及其周边五省区市动态效率值

年份	广西		贵州		湖南		云南		四川		重庆	
	效率值	排名	效率值	排名	效率值	排名	效率值	排名	效率值	排名	效率值	排名
2011	0.2557	6	0.5085	1	0.3322	5	0.3777	3	0.3513	4	0.4373	2
2012	0.2521	6	0.5534	1	0.3185	5	0.3920	3	0.3709	4	0.4927	2
2013	0.3040	5	0.5486	1	0.3038	6	0.3777	3	0.3656	4	0.4943	2
2014	0.3084	6	0.5391	2	0.3360	5	0.3972	3	0.3616	4	0.5332	2
2015	0.3102	6	0.5253	2	0.3590	4	0.3786	3	0.3557	5	0.5287	1
2016	0.4251	3	0.6470	1	0.4037	5	0.4117	4	0.3745	6	0.5013	2
2017	0.5174	4	0.7593	1	0.4779	5	0.5239	3	0.3961	6	0.6041	2
2018	0.7518	3	0.9678	1	0.5445	5	0.6171	4	0.4075	6	0.7951	2
2019	1	1	1	1	0.6362	4	0.6986	3	0.4272	5	0.7843	2
2020	1	1	0.6057	2	0.4903	3	0.3926	5	0.2411	6	0.4675	4

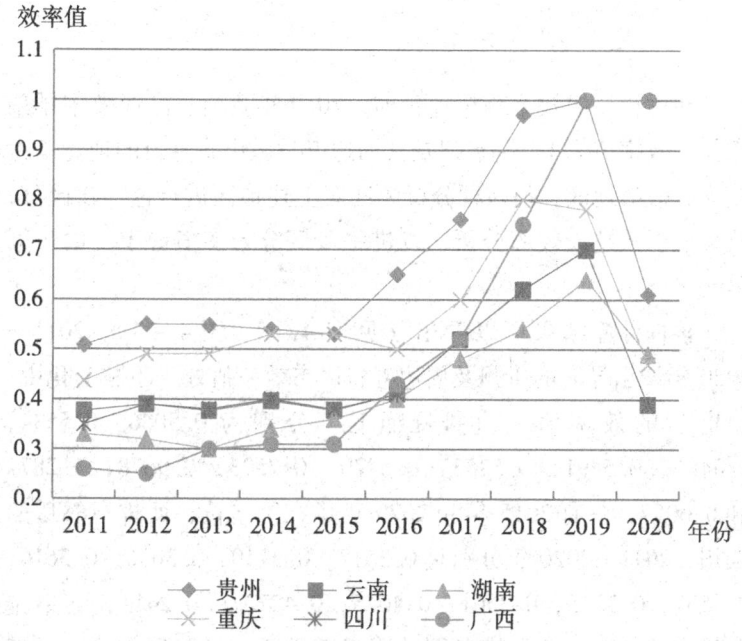

图4-3 2011—2020年贵州及周边五省区市效率趋势

表4-6 2019年贵州及周边五省区市效率分组

地区	效率值	排名	分组	有效性判定
贵州	1.0000	1	第一组	有效
广西	1.0000	1	第一组	有效
重庆	0.7843	2	第二组	无效
云南	0.6986	3	第二组	无效
湖南	0.6362	4	第二组	无效
四川	0.4272	5	第二组	无效

注：2020年受新冠疫情影响较大，故效率值取2019年的数据进行分组。

三、超级 DEA 效率分析

在进行一般效率分析评价时,2019 年贵州、广西效率排位靠前,效率值为 1,是贵州及其周边五省区市旅游目的地竞争力较为有效的地区,但该种分析无法对上述地区进行进一步区分,故需要引入超级效率分析,以进一步区分效率值等于 1 的决策单元。

根据计算结果可以看出(见表 4-7、图 4-4),2011—2020 年产出导向的贵州及周边五省区市效率值处于不断变化中,但贵州的效率值一直排在首位,分别为 0.5086,0.5534,0.5486,0.5391,0.5253,0.6470,0.7593,0.9678,1.2871 和 0.6057,只有 2015 年和 2020 年排在第二位;而排在靠后的四川,2011—2020 年分别是 0.3513,0.3710,0.3656,0.3616,0.3557,0.3745,0.3961,0.4075,0.4272 和 0.2411,其中排名最末尾的有 5 年,排名倒数第二有 1 年,排名倒数第三的有 4 年。

四、产出不足与投入冗余分析

前述对贵州及周边五省区市旅游目的地的效率分析,主要考量的是旅游目的地综合投入产出效率。虽然贵州在一般效率分析和超级效率分析中效率相对较高,但这并不意味着贵州在所有投入产出要素方面都达到了最优。对决策单元的产出不足和投入冗余分析,有助于找出各决策单元投入和产出的改进方向。

(一)产出不足分析

产出不足分析着重从产出角度分析决策单元在既定投入基础上产出的不足而影响效率的问题。表 4-8 显示了贵州及周边

表4-7 2011—2020年贵州及其周边五省区市超级效率值

年份	广西		贵州		湖南		云南		四川		重庆	
	效率值	排名	效率值	排名	效率值	排名	效率值	排名	效率值	排名	效率值	排名
2011	0.2557	6	0.5086	1	0.3322	5	0.3722	3	0.3513	4	0.4373	2
2012	0.2521	6	0.5534	1	0.3185	5	0.3920	3	0.3710	4	0.4927	2
2013	0.3040	5	0.5486	1	0.3038	6	0.3777	3	0.3656	4	0.4943	2
2014	0.3084	6	0.5391	1	0.3360	5	0.3972	3	0.3616	4	0.5332	2
2015	0.3120	6	0.5253	2	0.3590	4	0.3786	3	0.3557	5	0.5287	1
2016	0.4251	3	0.6470	1	0.4037	5	0.4117	4	0.3745	6	0.5013	2
2017	0.5174	4	0.7593	1	0.4779	5	0.5239	3	0.3961	6	0.6041	2
2018	0.7518	3	0.9678	1	0.5445	5	0.6171	4	0.4075	6	0.7951	2
2019	1.0486	2	1.2871	1	0.6362	5	0.6986	4	0.4272	6	0.7843	3
2020	1.8884	1	0.6057	2	0.4903	3	0.3926	5	0.2411	6	0.4675	4

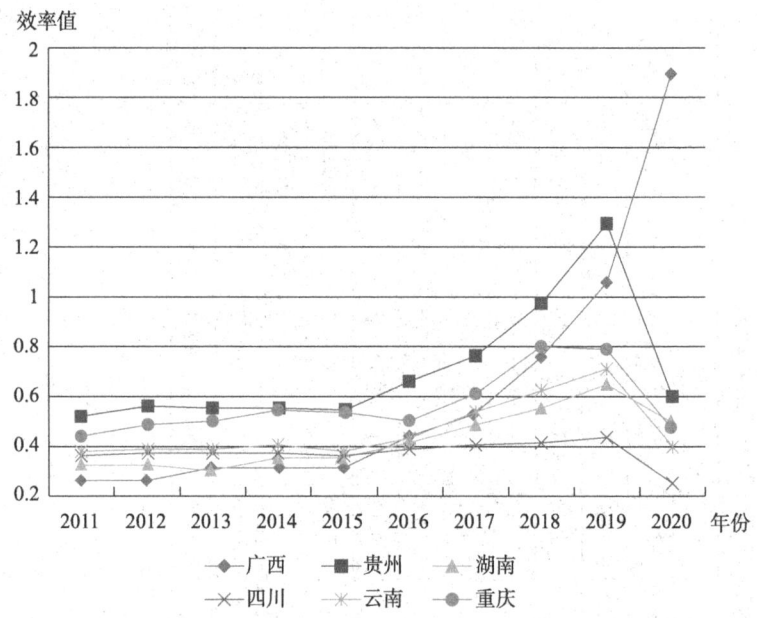

图 4-4 2011—2020 年贵州及周边五省区市超级效率趋势

五省区市在旅游总收入和旅游总人数两个产出指标上存在的不足情况。计算结果显示,所有省区市在 2011—2018 年旅游总收入和旅游总人数产出都是不充分的。2019 年贵州和广西在旅游收入和接待人数均表现出了产出充分,2020 年广西在旅游收入和接待人数也表现出了产出充分。

表4-8 2011—2020年贵州及周边五省区市产出不足

年份	决策单元	旅游总收入（亿元）			旅游总人数（万人）		
		目标值	实际值	产出不足	目标值	实际值	产出不足
2011	广西	7462.11	1277.80	6184.31	68684.34	17559.79	51124.55
	贵州	3633.66	1429.48	2204.18	33465.04	17019.36	16445.68
	湖南	8281.50	1785.80	6495.70	76245.82	25328.29	50917.53
	四川	10863.51	2449.20	8414.31	100033.85	35141.79	64892.06
	云南	4993.95	1300.30	3693.65	45889.44	17081.91	28807.53
	重庆	5514.89	917.85	4597.04	50783.55	22210.00	28573.55
2012	广西	9100.90	1659.70	7441.20	83799.01	21128.27	62670.74
	贵州	4201.88	1860.16	2341.72	38675.43	21401.18	17274.25
	湖南	10399.80	2234.10	8165.70	95776.19	30506.33	65269.86
	四川	12784.75	3280.30	9504.45	117755.25	43679.11	74076.14
	云南	5688.98	1702.50	3986.48	52339.60	20518.41	31821.19
	重庆	6723.72	1662.20	5061.52	61916.11	30506.33	31409.78
2013	广西	8813.84	2057.10	6756.74	81114.57	24655.54	56459.03
	贵州	5297.31	2370.65	2926.66	48778.79	26761.94	22016.85
	湖南	12882.65	2681.90	10200.75	118682.57	36058.12	82624.45
	四川	14515.76	3877.70	10638.06	133770.03	48906.06	84863.97
	云南	7196.44	2111.20	5085.24	66260.33	25028.60	41231.73
	重庆	7919.28	1771.00	6148.28	72945.39	36058.12	36887.27

续表

年份	决策单元	旅游总收入（亿元）			旅游总人数（万人）		
		目标值	实际值	产出不足	目标值	实际值	产出不足
2014	广西	10218.63	2602.00	7616.63	93978.09	28986.18	64991.91
	贵州	6473.38	2895.98	3577.40	59610.20	32134.94	27475.26
	湖南	13306.50	3050.70	10255.80	122628.44	41202.53	81425.91
	四川	16153.92	4891.00	11262.92	148770.99	53789.86	94981.13
	云南	7969.22	2665.70	5303.52	73379.94	29149.45	44230.49
	重庆	8386.00	2003.40	6382.60	77278.18	41202.53	36075.65
2015	广西	11954.77	3254.20	8700.57	109958.63	34111.06	75847.57
	贵州	7777.39	3512.82	4264.57	71630.94	37630.01	34000.93
	湖南	14305.75	3712.90	10592.85	131837.19	47330.73	84506.46
	四川	17945.03	6137.60	11807.43	165240.07	58773.20	106466.87
	云南	9589.25	3281.80	6307.45	88265.05	33419.27	54845.78
	重庆	9713.86	2251.30	7462.56	89519.77	47330.73	42189.04
2016	广西	10365.21	4191.40	6173.81	95190.91	40467.25	54723.66
	贵州	8914.18	5027.54	3886.64	82150.19	53148.42	29001.77
	湖南	15199.02	4707.40	10491.62	140069.28	56548.00	83521.28
	四川	20573.33	7705.54	12867.79	189504.93	63333.79	126171.14
	云南	11478.60	4726.25	6752.35	105715.24	43119.71	62595.53
	重庆	9741.30	2645.00	7096.30	89772.68	45000.00	44772.68
2017	广西	10924.70	5580.40	5344.30	100245.33	51863.24	48382.09
	贵州	10636.40	7116.81	3519.59	98002.73	74417.43	23585.30
	湖南	15199.66	7172.60	8027.06	140075.18	66935.00	73140.18
	四川	22524.69	8923.06	13601.63	207505.43	67260.17	140245.26
	云南	13212.73	6922.23	6290.50	121733.91	57339.81	64394.10
	重庆	9741.30	3308.04	6433.26	89772.68	54230.21	35542.47

续表

年份	决策单元	旅游总收入（亿元）			旅游总人数（万人）		
		目标值	实际值	产出不足	目标值	实际值	产出不足
2018	广西	10135.53	7619.9	2515.63	92840.44	67823.23	25017.21
	贵州	10859.33	9571.03	1288.30	100076.08	96858.12	3217.96
	湖南	15345.14	8355.70	6989.44	141415.82	75301	66114.82
	四川	24816.68	10112.75	14703.93	228621.07	70568.26	158052.81
	云南	14571.59	8991.44	5580.15	134277.74	68847.80	65429.94
	重庆	8166.56	4344.15	3822.41	75110.49	59723.71	15386.78
2019	广西	10241.40	10241.40	0.00	87057.39	87057.39	0.00
	贵州	12318.86	12318.86	0.00	113526.60	113526.60	0.00
	湖南	15345.78	9762.30	5583.48	141421.72	83154.00	58267.72
	四川	27139.29	11594.32	15544.97	250055.11	75496.36	174558.74
	云南	15795.96	11035.20	4760.76	145557.61	80716.79	64840.82
	重庆	8166.56	5739.07	2427.49	83783.28	65708.03	18075.25
2020	广西	7267.50	7267.50	0.00	66116.68	66116.68	0.00
	贵州	9550.78	5785.09	3765.69	88016.94	6178.49	81838.45
	湖南	15346.42	6261.90	9084.52	141427.62	69336.00	72091.62
	四川	29752.31	7173.29	22579.02	274144.18	45132.02	229012.16
	云南	16497.31	6477.03	10020.28	152033.87	52955.72	99078.15
	重庆	9094.29	979.18	8115.11	66059.72	30882.77	35176.95

（二）投入冗余分析

着重从投入角度分析决策单元在既定产出基础上过多的投入而影响效率的问题。表4-9显示了贵州及周边五省区市在旅游从业人数、固定资产投资、A级景区加权分和省级以上自然保护区等面积四个投入指标上存在的冗余情况。

表4-9 2011—2020年贵州及周边五省区市投入冗余

年份	决策单元	旅游从业人数（人）			固定资产投资（亿元）			A级景区加权分			省级以上自然保护区等面积（km²）		
		目标值	实际值	投入冗余	目标值	实际值	投入冗余	目标值	实际值	投入冗余	目标值	实际值	投入冗余
2011	广西	42007.34	49876.00	7868.66	10160.45	10160.45	0.00	524.00	524.00	0.00	13055.58	22889.71	9834.13
	贵州	19877.73	27683.00	7805.27	5101.55	5101.55	0.00	214.00	214.00	0.00	6036.35	16501.39	10465.04
	湖南	46037.04	80615.00	-34577.96	11431.48	11431.48	0.00	540.00	540.00	0.00	14165.17	20786.56	6621.39
	四川	59908.22	70756.00	10847.78	15124.09	15124.09	0.00	674.00	674.00	0.00	23971.18	115932.73	91961.55
	云南	30419.26	62679.00	32259.74	6185.30	6185.30	0.00	515.00	515.00	0.00	10019.00	62327.10	52308.10
	重庆	30382.33	50160.00	19777.67	7685.87	7685.87	0.00	340.00	340.00	0.00	9280.12	13174.27	3894.15
2012	广西	50319.44	52025.00	1705.56	12635.22	12635.22	0.00	574.00	574.00	0.00	15415.18	22889.71	7474.53
	贵州	23667.32	27928.00	4260.68	5717.80	5717.80	0.00	296.00	296.00	0.00	7358.86	16501.39	9142.53
	湖南	56982.89	83400.00	26417.11	14576.61	14576.61	0.00	619.00	619.00	0.00	17327.27	20786.56	3459.29
	四川	69602.15	72972.00	3369.85	18038.92	18038.92	0.00	729.00	729.00	0.00	21051.65	115932.73	94881.08
	云南	32748.63	78749.00	46000.37	7553.51	7553.51	0.00	451.00	451.00	0.00	10355.13	62327.10	51971.97
	重庆	37006.46	48669.00	11662.54	9380.00	9380.00	0.00	412.00	412.00	0.00	11294.55	13174.27	1879.72

续表

年份	决策单元	旅游从业人数（人）			固定资产投资（亿元）			A级景区加权分			省级以上自然保护区等面积（km²）		
		目标值	实际值	投入冗余	目标值	实际值	投入冗余	目标值	实际值	投入冗余	目标值	实际值	投入冗余
2013	广西	49967.00	49967.00	0.00	11907.67	11907.67	0.00	643.87	653.00	9.13	15615.16	22889.71	7274.55
	贵州	29217.50	29713.00	495.50	7373.60	7373.60	0.00	329.00	329.00	0.00	8932.81	16501.39	7568.58
	湖南	69368.07	77010.00	7641.93	18381.44	18381.44	0.00	679.93	687.00	7.07	20786.56	20786.56	0.00
	四川	76895.00	76895.00	0.00	21049.15	21049.15	0.00	675.87	793.00	117.13	22717.65	115932.73	93215.08
	云南	39875.41	95005.00	55129.59	9968.30	9968.30	0.00	460.00	460.00	0.00	12237.10	62327.10	50090.00
	重庆	42993.58	48345.00	5351.42	11205.92	11205.92	0.00	443.00	443.00	0.00	12973.25	13174.27	201.02
2014	广西	59874.90	65417.00	5542.10	13287.60	13287.60	0.00	885.00	885.00	0.00	19184.31	22889.71	3705.40
	贵州	35647.42	38756.00	3108.58	9025.75	9025.75	0.00	398.00	398.00	0.00	10884.48	16513.57	5629.09
	湖南	70419.76	221438.00	151018.24	19314.11	20575.33	1261.22	614.62	748.00	133.38	20786.56	20786.56	0.00
	四川	88434.06	120941.00	32506.94	22662.26	22662.26	0.00	956.00	956.00	0.00	26871.51	115932.73	89061.22
	云南	44025.46	100924.00	56898.54	11073.86	11073.86	0.00	500.00	500.00	0.00	13477.86	62327.10	48849.24
	重庆	44513.33	59832.00	15318.67	12136.52	12136.52	0.00	396.86	558.00	161.14	13174.27	13174.27	0.00

续表

年份	决策单元	旅游从业人数（人）			固定资产投资（亿元）			A级景区加权分			省级以上自然保护区等面积（km²）		
		目标值	实际值	投入冗余	目标值	实际值	投入冗余	目标值	实际值	投入冗余	目标值	实际值	投入冗余
2015	广西	69635.51	101824.00	32188.49	15654.95	15654.95	0.00	1006.00	1006.00	0.00	22214.69	25498.21	3283.52
	贵州	42446.94	43513.00	1066.06	10945.54	10945.54	0.00	451.00	451.00	0.00	12865.12	18614.95	5749.83
	湖南	75707.91	212369.00	136661.09	20764.50	24324.17	3559.67	660.77	941.00	280.23	22347.52	22347.52	0.00
	四川	99025.37	120523.00	21497.63	24965.56	24965.56	0.00	1118.00	1118.00	0.00	30287.75	116050.05	85762.30
	云南	53934.62	117067.00	63132.38	13069.39	13069.39	0.00	670.00	670.00	0.00	16750.90	62624.10	45873.20
	重庆	51407.01	61004.00	9596.99	14099.46	14208.15	108.69	448.68	628.00	179.32	15174.36	15174.36	0.00
2016	广西	64780.05	70468.00	5687.95	12400.00	12400.00	0.00	1186.00	1186.00	0.00	21708.23	25518.31	3810.08
	贵州	47175.00	47175.00	0.00	12938.74	13204.00	265.26	411.74	479.00	67.26	13925.15	18622.73	4697.58
	湖南	80435.22	219076.00	138640.78	22061.06	27688.45	5627.39	702.03	945.00	242.97	23742.93	23742.93	0.00
	四川	111637.85	113123.00	1485.15	29126.03	29126.03	0.00	1147.00	1147.00	0.00	33672.80	116108.71	82435.91
	云南	62778.68	108126.00	45347.32	16119.40	16119.40	0.00	675.00	675.00	0.00	19060.64	62640.39	43579.75
	重庆	51552.24	57766.00	6213.76	14139.29	17361.12	3221.83	449.94	650.00	200.06	15217.23	15217.23	0.00

第四章 贵州旅游目的地核心竞争力实证研究

续表

年份	决策单元	旅游从业人数(人)			固定资产投资(亿元)			A级景区加权分			省级以上自然保护区等面积(km²)		
		目标值	实际值	投入冗余	目标值	实际值	投入冗余	目标值	实际值	投入冗余	目标值	实际值	投入冗余
2017	广西	70788.79	71038.00	249.21	12400.00	12400.00	0.00	1429.00	1429.00	0.00	24276.05	25606.65	1330.60
	贵州	56854.00	56854.00	0.00	15288.01	15288.01	0.00	531.53	543.00	11.47	16929.38	18974.12	2044.74
	湖南	80438.61	134324.00	53885.39	22061.99	31328.08	9266.09	702.06	948.00	245.94	23742.93	23742.93	0.00
	四川	121443.55	134309.00	12865.45	32097.25	32097.25	0.00	1200.00	1200.00	0.00	36431.46	120798.15	84366.69
	云南	70831.73	104794.00	33962.27	18935.99	18935.99	0.00	675.00	675.00	0.00	21144.82	62643.76	41498.94
	重庆	51552.24	52206.00	653.76	14139.29	17440.57	3301.28	449.94	665.00	215.06	15217.23	15217.23	0.00
2018	广西	70570.00	70570.00	0.00	10200.00	10200.00	0.00	1674.53	1702.00	27.47	25242.68	25606.65	363.97
	贵州	57469.00	57469.00	0.00	15762.09	17703.52	1941.43	501.59	548.00	46.41	16963.74	19243.72	2279.98
	湖南	81208.47	127698.00	46489.53	22273.14	34460.89	12187.75	708.78	1005.00	296.22	23971.18	23971.18	0.00
	四川	133771.45	147345.00	13573.55	35371.17	35371.17	0.00	1320.00	1320.00	0.00	40122.11	120798.15	80676.04
	云南	77394.74	102047.00	24652.26	21075.76	21075.76	0.00	693.00	693.00	0.00	22918.39	63016.76	40098.37
	重庆	47707.59	53673.00	5965.41	10657.44	10657.44	0.00	697.06	703.00	5.94	15252.07	15252.07	0.00

续表

年份	决策单元	旅游从业人数(人)			固定资产投资(亿元)			A级景区加权分			省级以上自然保护区等面积(km²)		
		目标值	实际值	投入冗余	目标值	实际值	投入冗余	目标值	实际值	投入冗余	目标值	实际值	投入冗余
2019	广西	70364.86	82760.00	12395.14	9200.00	9200.00	0.00	1781.86	2035.00	253.14	25636.90	25636.90	0.00
	贵州	57469.00	65193.00	7724.00	17703.52	17880.56	177.04	548.00	569.00	21.00	19243.72	19243.72	0.00
	湖南	81211.86	186194.00	104982.14	22274.07	37941.44	15667.37	708.81	1130.00	421.19	23971.18	23971.18	0.00
	四川	145174.86	217138.00	71963.14	38979.03	38979.03	0.00	1364.00	1364.00	0.00	43256.76	120842.95	77586.19
	云南	83978.76	279062.00	195083.24	22825.05	22825.05	0.00	757.00	757.00	0.00	24889.10	63016.76	38127.66
	重庆	48929.00	48929.00	0.00	12986.78	12986.78	0.00	477.12	783.00	305.88	14651.57	15252.07	600.50
2020	广西	33283.91	64163.00	30879.09	3700.00	3700.00	0.00	818.42	2167.00	1348.58	10310.49	25636.90	15326.41
	贵州	50544.00	50544.00	0.00	13862.76	18452.74	4589.98	441.15	601.00	159.85	14919.62	19243.72	4324.10
	湖南	81215.25	144356.00	63140.75	22275.00	40824.99	18549.99	708.84	1231.00	522.16	23971.18	23971.18	0.00
	四川	158754.99	168347.00	9592.01	42837.95	42837.95	0.00	1467.00	1467.00	0.00	47200.65	120842.95	73642.30
	云南	87305.92	216357.00	129051.08	23945.50	24468.45	522.95	762.00	762.00	0.00	25771.03	63075.36	37304.33
	重庆	37935.00	37935.00	0.00	10404.48	13016.32	2611.84	331.09	899.00	567.91	11197.68	15279.03	4081.35

在旅游从业人数方面，2011—2020年，贵州旅游从业人数与周边五省区市相比是较少的，其中有4年不存在投入冗余。广西和重庆2011—2020年旅游从业人数投入有2年未表现投入冗余，其余显示为投入冗余。四川2011—2020年旅游从业人数投入有1年未表现投入冗余，其余显示为投入冗余。其余省区市2011—2020年旅游从业人数投入表现为投入冗余。

在固定资产投资方面，前五年，湖南在2014年表现为固定资产投入冗余；湖南和重庆在2015年固定资产投入出现投入冗余，其他地区皆未出现固定资产投入冗余。2016—2020年大部分地区出现了不同程度的投入冗余现象。2016年投入冗余的有贵州、湖南、重庆；2017年投入冗余的有湖南和重庆；2018年和2019年投入冗余的有贵州和湖南；2020年投入冗余的有贵州、湖南、重庆和云南。

在A级景区方面，2011—2020年，前五年贵州A级景区一直处于投入不足状态，后五年处于少量投入冗余状态。2011—2020年，前七年广西A级景区除2013年外一直处于投入不足状态，后三年处于投入冗余状态。2011—2020年中，前两年湖南A级景区一直处于投入不足状态，后八年处于少量投入冗余状态。2011—2020年，云南和四川A级景区（除2013年四川外）一直处于投入不足状态。2011—2020年，前三年重庆A级景区一直处于投入不足状态，后七年处于投入冗余状态。

在省级以上自然保区、森林公园等面积方面，2011—2015年只有湖南在2013—2015年和重庆在2014年、2015年表现为投入不足，而其他省份全表现为投入冗余。2016—2020年，湖南又表现为没有投入冗余，其他地区均出现了不同程度的投入冗余。

五、效率分析结论

通过对贵州及周边五省区市旅游发展的DEA效率分析,对贵州旅游目的地发展竞争力得出以下结论:

(1)贵州及周边五省区市旅游发展的效率,亦即旅游目的地现实核心竞争力是分层次的,且贵州的效率相对较高(包括一般效率和超级效率)。通过DEA超级效率分析发现,2011—2020年贵州的效率一直排在周边五省区市的第一位,只有2015年和2020年排在第二位;2019年贵州及周边五省区市旅游竞争力依次为贵州、广西、重庆、云南、湖南、四川。同时,2011—2020年的趋势分析发现各省区市的效率处于不断变化中。

(2)从产出不足角度来看,贵州及周边五省区市在旅游总收入和旅游总人数两个产出指标上存在不足情况。计算结果显示,所有地区在2011—2018年旅游总收入和旅游总人数产出都是不充分的。2019年贵州和广西在旅游总收入和旅游总人数均表现出了产出充分。2020年广西在旅游总收入和旅游总人数也表现出了产出充分。

(3)从投入冗余角度看,2011—2020年贵州固定资产和A级景区方面在多数年份表现为投入不足,与周边五省区市相比,是投入不足要素和年份最多的省份,也进一步说明贵州旅游目的地效率比较高。因此,通过提高旅游从业人员素质、加大A级景区创建和自然保护区等的开发利用可以进一步提高贵州旅游的产出。在固定资产投资方面,前五年贵州没有出现投入冗余,近五年开始出现投入冗余。可见近几年贵州加大了固定资产的投入,但需要进一步提高固定资产投资的精确性和使用效率。

第三节 影响因素印证分析

一、影响因素 Tobit 回归印证分析

（一）Tobit 模型引入与改进

为了进一步分析目的地旅游产业效率系统的影响因素以及其对目的地旅游的影响程度，学者寇里（Timothy J. Coelli）在 DEA 的基础上进一步研究出了 Tobit 两步法。其运用过程是：首先运用超效率 DEA 计算得出各决策单元的超效率值；随后在第一步的基础上将超级效率值作为因变量，同时把影响因素定位为因变量，并构建回归模型。在实际运用中，鉴于运用超效率 DEA 所计算出的效率值通常会表现为有间隔或者阶段性，因此采用普通的最小二乘法（OLS）就难以适应于估计回归系数，导致估计参数会产生严重有偏和不一致情况。在这种情况下，由于 Tobit 回归以极大似然法为遵循原则，则能有效避免上述情况，而成为参数估计的较好选择。所以，Tobit 模型能够较好地适用因变量受限制的回归模型参数估计，一般当因变量为片断值或切割值时采用。Tobit 模型分为两部分，一是代表约束条件的选择方程模型，二是满足约束条件下的某连续变量方程模型，既能分析虚拟变量，亦能分析连续型数值变量。

基本标准的 Tobit 模型如公式所示

$$Y_i^* = X_i\beta + \varepsilon_i$$
$$Y_i = Y_i^* \quad if\ Y_i^* > 0 \qquad (4-2)$$
$$Y_i = 0 \quad if\ Y_i^* \leq 0$$

其中，Y_i^* 表示潜变量，Y_i 表示观察到的因变量，β 表示相关系数向量，X_i 表示自变量向量，ε_i 表示误差项。

超效率 DEA-Tobit 两步法已成为目前效率分析和评价常用的方法之一，其分析了影响效率的因素，为进一步提升效率提供了有效的途径。

（二）Tobit 模型实证结果

结合已有研究成果，本书将基于生态视角的政府方面的旅游目的地生态竞争力影响因素分为三大类。第一类是政府对生态和环境的保护力度，用地方政府环境保护支出表示，数据来自六省区市的统计年鉴；第二类是不可控的不利生态和环境因素，用突发环境事件次数表示，数据来自六省区市统计年鉴；第三类是污染物排放的不利因素，用每万元 GDP 相对应的 COD 和 SO_2 排放量表示（见表 4-10）。

根据相关理论和学者研究，本书提出以下假设：（1）地方政府环境保护支出越高，证明政府对于生态和环境保护重视程度越高，保护力度也就越大，旅游目的地的生态竞争力效率就越高；（2）突发环境事件次数越多，表明生态和环境不可控因素影响越大，因而旅游目的地的生态竞争力效率就越低；（3）排污量越大，生产和生活活动对生态和环境的负面影响越大，因而旅游目的地生态竞争力效率越低。

根据以上解释变量说明，本书收集整理 2011—2020 年贵州及周边五个省区市的相应数据，与旅游目的地竞争力效率构成面板数据（Panel data），建立面板数据的 Tobit 模型，运用计量分析软件 Stata 14.2 中的 xttobit 软件包进行回归分析，实证结果见表 4-10。

表4-10 xttobit 回归结果

解释变量	系数	标准误	T 值	P 值
地方政府环境保护支出	0.0344	0.020	1.71	0.088**
环境突发事件	0.0109	0.007	1.52	0.128
COD 排放量	-0.1472	0.043	-3.40	0.001***
SO_2 排放量	-0.117	0.017	-6.76	0.000***

注:***表示在0.01水平下显著,**表示在0.10水平下显著。

由表4-10可知,尽管统计上不是特别显著,地方政府环境保护支出对于旅游目的地竞争力效率具有正向的影响,表明地方政府对于生态和环境的保护力度对于旅游目的地的竞争力具有正的"外部性",但其系数不大,估计跟地方政府环境保护支出的绝大部分用于环境保护部门的人员经费支出有关,并没有完全用于环境保护的活动。尽管环境突发事件对于旅游目的地竞争力效率呈正向影响,但在统计上不显著,因此不能推断其正向影响关系成立。这估计是由于突发环境事件一般发生在工业生产较为集中的区域,未必直接影响到旅游目的地的生态和环境。以 COD 和 SO_2 为代表的污染排放物对于旅游目的地生态竞争力的影响显著为负,表明由于排放物具有较强的扩散性,会直接和间接影响旅游目的地的空气环境,从而对旅游目的地的竞争力产生明显的负面影响。

二、影响因素调查分析印证

除基于生态视角的政府层面的旅游目的地核心竞争力影响因素外,旅游企业生态责任、生态形象和生态意识,旅游目的地当地社区居民生态意识、生态责任、对生态开发方式的关注程度以及旅游者的生态认同、生态体验和生态评价也是影响旅游目的地核心竞争力的重要因素。为进一步说明上述影响因素对旅游目的地核心竞争力的影响，本书通过对贵州及周边五省区市旅游企业和当地居民进行了问卷调查。调查问卷采用1—5分里克特五点量表，用以评定各省区市旅游企业生态责任、生态形象和生态意识，当地社区居民生态意识、生态责任和对生态开发方式的关注程度以及旅游者生态认同、生态体验和生态评价。各指标得分如表4-11所示。

表4-11 贵州及周边五省区市调查分值

地区	旅游企业影响因素			社区居民影响因素			旅游者影响因素		
	生态责任	生态形象	生态意识	生态意识	生态责任	生态开发方式关注度	生态认同	生态体验	生态评价
广西	3.65	3.70	3.70	3.40	4.38	3.46	3.47	3.40	3.57
贵州	4.14	4.19	4.22	3.60	4.63	3.75	3.65	3.72	3.68
湖南	3.75	3.85	3.65	3.50	4.25	3.52	3.36	3.40	3.42
四川	3.70	3.80	3.65	3.60	4.30	3.73	3.35	3.42	3.45
云南	3.75	3.75	3.70	3.60	4.20	3.32	3.43	3.52	3.45
重庆	4.00	3.95	4.02	3.70	4.50	3.41	3.17	3.30	3.53

为印证各调查指标对旅游目的地核心竞争力之间存在的关系，本书以贵州及周边五省区市的2015年（2011—2020年的居中年份）效率值为参照对象，将各省区市指标得分与效率值分布趋势进行比对，通过对各自分布趋势的分析以从侧面对指标与旅游目的地核心竞争力的关系进行印证。

（一）旅游企业影响因素与旅游目的地核心竞争力

从表4-12和图4-5可以看出，贵州及周边五省区市在旅游企业生态责任、生态形象和生态意识得分与各自的效率值具有较为明显的正相关性,即旅游企业生态责任、生态形象和生态意识得分越高,效率值也相应地越高,反之亦然。

表4-12 贵州及周边五省区市旅游企业相关指标得分与效率值

地区	旅游企业生态责任	旅游企业生态形象	旅游企业生态意识	效率值
广西	3.65	3.70	3.70	0.6678
贵州	4.14	4.19	4.22	2.0196
湖南	3.75	3.85	3.65	0.8798
四川	3.70	3.80	3.65	0.7660
云南	3.75	3.75	3.70	0.7824
重庆	4.00	3.95	4.02	1.5754

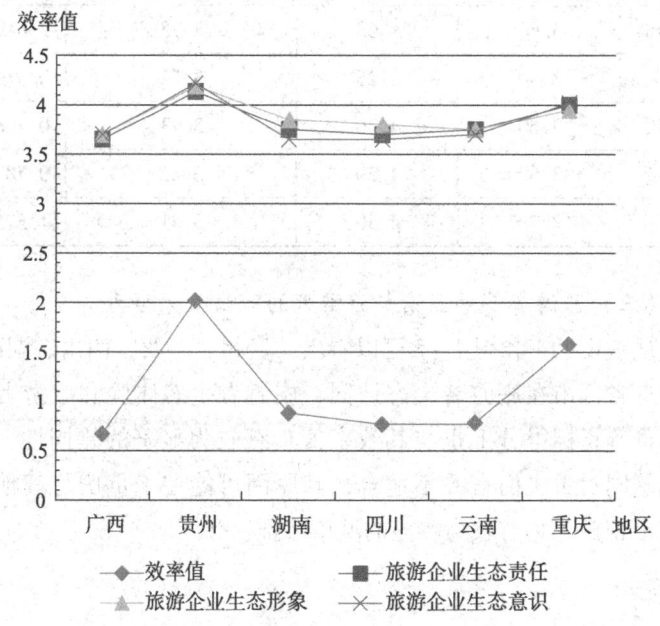

图4-5 贵州及周边五省区市旅游企业
相关指标得分与效率值分布对比

(二) 当地社区居民影响因素与旅游目的地核心竞争力

从表4-13和图4-6可以看出,贵州及周边五省区市在当地社区居民生态意识、生态责任和对生态开发方式关注程度得分与各自的效率值也基本呈现出一定的相关性。但与旅游企业影响因素相比,当地社区居民影响因素与效率值的相关程度要比旅游企业影响因素低。

表4-13 贵州及周边五省区市当地
社区居民相关指标得分与效率值

地区	当地社区居民生态意识	当地社区居民生态责任	当地社区居民生态开发方式关注度	效率值
广西	3.40	4.38	3.46	0.6678
贵州	3.60	4.63	3.75	2.0196
湖南	3.50	4.25	3.52	0.8798
四川	3.60	4.30	3.73	0.7660
云南	3.60	4.20	3.32	0.7824
重庆	3.70	4.50	3.41	1.5754

(三) 旅游者影响因素与旅游目的地核心竞争力

从表4-14和图4-7可以看出,贵州、广西、四川、湖南、云南五省区市在旅游者生态认同、旅游者生态体验和旅游者生态评价等指标得分上也与其效率值具有较为显著的趋同性。但上述趋同对重庆而言并不适合,其原因可能在于重庆与其他五省区市相比,具有较为明显的城市特征。

第四章 贵州旅游目的地核心竞争力实证研究

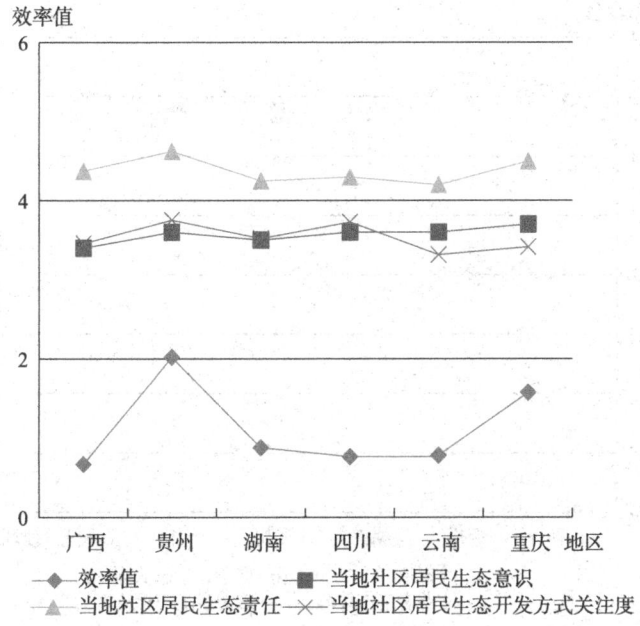

图 4-6 贵州及周边五省区市当地社区居民
相关指标得分与效率值分布对比

表 4-14 贵州及周边五省区市
旅游者相关指标得分与效率值

地区	旅游者生态认同	旅游者生态体验	旅游者生态评价	效率值
广西	3.47	3.40	3.57	0.6678
贵州	3.65	3.72	3.68	2.0196
湖南	3.36	3.40	3.42	0.8798
四川	3.35	3.42	3.45	0.7660
云南	3.43	3.52	3.45	0.7824
重庆	3.17	3.30	3.53	1.5754

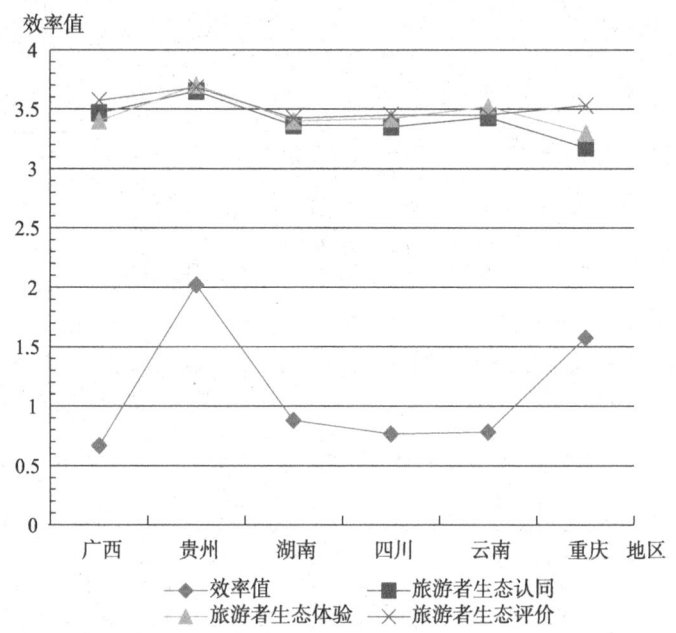

**图4-7 贵州及周边五省区市旅游者
相关指标得分与效率值分布对比**

三、影响因素印证结论

通过将政府、旅游企业、当地社区居民和旅游者等与旅游目的地核心竞争力具有影响的相关因素与效率值进行相关印证分析,得出结论如下:

(1) 地方政府环境保护支出、环境突发事件、COD 和 SO_2 为代表的污染排放物对旅游目的地核心竞争力的形成和发展有一定的相关关系。虽然地方政府环境保护支出和环境突发事件与旅游目的地核心竞争力的相关性不是特别显著,但以 COD 和 SO_2 为代表的污染排放物对旅游目的地核心竞争力的形成具有较为明显的负相关性。

（2）总体上看，各地区旅游企业生态责任、生态形象和生态意识，当地社区居民生态意识、生态责任和对生态开发方式的关注程度以及旅游者生态认同、生态体验和生态评价等指标的得分与效率值呈现出一定的趋同性，但重庆在旅游者生态认同、生态体验和生态评价等指标得分与效率值上除外。

第五章 贵州旅游目的地核心竞争力提升路径

理论研究的落脚点是旅游经济的现实生产力。本章拟在理论分析的基础上，从生态环境保护、旅游产品升级换代和要素优化方面，探讨贵州旅游目的地核心竞争力提升的现实路径。

第一节 生态环境保护与产品升级

一、生态环境保护措施

旅游活动的开展必须置身于特定的时空环境。依据与人的活动的相关性，一般将人的活动空间划分为室内活动空间和室外活动空间。常规意义上，室内活动空间一般提供给家庭生活和工作，离开惯常居住地的旅游活动大部分都是在室外空间进行，需要大尺度的空间环境。因此，良好的生态环境是提升旅游者悦愉体验的空间基础。

考虑客观数据的可获得性，结合人类旅游活动空间和反映生态环境质量等级，本研究根据贵州及周边五省区市的主体功能区规划，依据 DEA 的样本数和指标数比例要求，将国家级自然保护区面积、省（区、市）级自然保护区面积、国家级森林公园面积、省（区、市）级森林公园面积、国家级风景名胜区面积、省（区、市）级风景名胜区面积和世界自然文化遗产面积聚合成本研究的生态环境指标。

通过 DEA 模型演算，贵州与周边五省区市生态环境比较，贵州生态环境对贵州旅游产出的贡献率较高，说明贵州生态环境对旅游者有较大的吸引力。但从包络的 A 级景区指标所表现出的效率分析来看，在产出导向的情况下，生态环境的目标值为 33326.70，实际值为 16501.39，投入冗余 -16825.31，说明贵州生态环境资源转化成产品吸引旅游者不足，现实的对策是在持续加强生态环境保护的情况下，以生态文明理论为指引，注重生态环境作为旅游活动时空背景与生态环境产品化结合，守住发展和环境两条底线。由于关涉旅游产品建设将在接下来进行讨论，现就生态环境保护提出下列几条建议。

（一）加强政府生态法律制度建设

1. 完善生态环境保护立法，做到环保事业有法可依

环保事业有法可依是加强政府生态法律制度的先决条件。生态文明的指导要转变立法理念，完善立法技术，充分利用大数据手段，明确立法目标以及法律应该反映人的意志，科学地按照拟订计划、立法听证、制定法律和公布法律的逻辑顺序，及时修改和清理法律，使贵州环保事业有法可依。

2. 加强执法力度，保障生态环境规制执法必严

法律如果不能执行就形同虚设。要加强执法人力投入，设置生态环境保护法庭，严格执法人员的惩戒。严格执行完善的生态环境法律制度。

3. 健全环保问责制，保障环境规制违法必究

当前，破坏生态环境的违法成本太低，使违法者抱有侥幸心理。执行更严格的环保问责制度，一是要加大违法者的违法成本，成倍地增加生态环境保护违法的经济成本，二是引入刑事法律责任制度，使生态环境保护违法者付出失去人身自由的

代价，彻底杜绝生态环境保护违法行为。

（二）加大环保资金投入，创新环境规制手段

1. 大力推广清洁生产

清洁生产就是创新节能技术手段，推广使用新能源，扶持清洁生产技术使用企业，从政策和资金上给予倾斜，鼓励企业积极开发清洁生产的技术方法，大力推广清洁生产的项目。

2. 注重强制和非强制手段的综合运用

政府可以"软硬兼施"，软的方面注重与被规制对象的沟通和交流，多使用鼓励引导手段，以温和的方式使被规制对象接受管理，尽量避免冲突。硬的方面主要是使用法律手段，强制被规制对象。将两种手段结合起来，可以减少冲突和摩擦，获得被规制对象的支持和信任，提高效率。

3. 创新经济手段

守住发展和环境两条底线，就是要在经济发展和环境保护之间寻求最佳的平衡点，达到经济良性发展和环境优化之间良性循环。借鉴发达国家的做法，建议考虑征收资源税、环境税，实施排污权交易制度。征收资源税和环境税可以有效规范企业和个人的经济行为，用经济激励办法促进环境资源的有效配置。排污权交易制度可以将排污问题制度化和法制化，控制排污总量，明确排污权的原始分配，解决排污权的经费问题，实时监控排污，这是一项操作性强、效果明显的制度工具。

因此，应协调利用排污权交易制度与排污费、排污许可证、环境税，并结合生态补偿手段，与各项政策和环境法规相衔接，形成解决环境问题的综合性力量。

（三）构建多利益主体环境协同模式

DEA分析了旅游产业投入和产出关系，但是影响投入和产出关系的因素很多，本研究主要从旅游产业的利益相关者：当

地社区居民、旅游者和旅游开发经营企业出发来总结旅游投入与产出的影响因素。我们围绕旅游者生态认同、生态体验、生态评价，当地社区居民生态意识、生态责任和对生态开发方式的关注程度以及旅游企业生态责任、生态意识和生态形象设计了调查问卷，在贵州、云南、湖南、四川、重庆和广西共发放了 1600 份问卷，从回收的问卷统计数据来看，每个利益相关者对生态环境的影响效度是不一致的，每个旅游目的地的利益相关者对生态环境的影响效度也是不一致的。

针对这种情况，需要构建多利益主体环境协同模式，具体对策如下。

1. 旅游者

针对旅游者，主要是加强生态环境保护宣传教育。宣传工作属于事前沟通，教育管理属于事后救济，一般针对不文明旅游行为进行教育管理，提高旅游者旅游活动过程中的生态环境保护意识；针对旅游者的不文明行为，应该采取一定的惩罚措施，如将不文明游客列入"黑名单"，从信誉损失角度惩罚旅游者。对严重损坏诸如珍贵文物的行为，要承担财产责任甚至是刑事责任。加强对旅游者行为的动态监测，及时反馈旅游者行为，同时，可以通过合理布置卫生设施等对旅游者行为进行物化引导。同时，也可以采取优良旅游行为积分等措施，对旅游者实行激励管理。

2. 当地社区居民

针对当地社区居民，要加强生态环境保护宣传工作，让当地居民像保护眼睛一样保护我们的生态；同时考虑构建生态环境保护激励机制，不要让生态爱护者为生态破坏者的逆行为"买单"，使旅游者从旅游经济发展获得实际利益，培养生态消费行为，如减少使用一次性用品，节约用水、用电、用纸等。

3. 旅游经营企业

旅游开发经营企业，容易受资本逐利的影响而采取非生态开发行为，要采取政策倾斜、资金扶持手段。一是实现产品的生态化，即采用生态化手段开发生态产品，如绿色客房、绿色餐厅、绿色服务、生态旅游、探险旅游等选择性旅游形式，绿色交通与服务、生态公路和高铁的车窗风景，环保型旅游纪念品，良好的旅游景区环境等。二是管理的生态化，王大悟提出旅游经营管理的生态化，它包括三个方面的内容：经营工具、用品的生态化，例如使用无污染的电瓶车、游船，垃圾箱的设置、垃圾的处理；对景区环境的动态管理，主要是对游客的引导和管理；对当地居民的管理，这是管理的一个难点，许多景区的居民多为农民，不了解现代文明习惯，另外出于传统生活需要，仍会在一定程度上破坏环境。❶

二、构建以 A 级景区建设引领的全域化旅游精品产品体系

从前面效率分析结果上看，A 级景区加权指标对贵州旅游投入不足，影响了旅游效率的进一步提升，因此贵州应该加快 A 级景区建设步伐，形成以 A 级景区建设（尤其是 AAAAA 级景区建设）为核心的全域化旅游精品产品体系。

（一）贵州旅游产品建设实践

2012 年 11 月 19 日—21 日，中共贵州省委十一届二次全会提出"五个100工程"重点平台建设，其中包括 100 个重点旅游景区建设。

2013 年 1 月 26 日，贵州省十二届人大一次会议通过的《贵

---

❶ 王大悟. 科学发展观与旅游可持续发展［J］. 旅游学刊，2005（1）.

州省人民政府工作报告》中,确认重点打造100个旅游景区。

2013年3月1日,贵州省人民政府出台了《贵州省100个旅游景区建设2013年工作方案》(黔府办发〔2013〕13号)。

在《贵州省100个旅游景区建设2013年工作方案》中,明确了到2017年全省建成20个国家5A级旅游景区、80个国家4A级旅游景区,力争打造出一批遗产性项目;通过100个旅游景区示范带动,引领全省旅游产业转型升级,全年接待旅游总人数达4.48亿人次以上,旅游总收入达到4500亿元以上。

2013年政府安排2亿元财政专项扶持资金差异、奖补、激励鞭策市场运作,同时与农发行等9家金融机构开展合作,全省旅游项目建设提速、提质、提效,全年完成签约项目194个,签约资金1150.9亿元,到位资金189亿元,景区固定资产投资突破250亿元。玉舍国家森林公园、赤水竹海国家森林公园等7家景区荣膺国家4A旅游景区、梵净山等2家景区获批国家生态旅游示范区。

2014年上半年,全省100个旅游景区累计在建项目876个,完成项目投资157.98亿元,为年计划的78.59%;招商引资签约项目90个,签约资金425.21亿元,到位资金112.23亿元;累计接待旅游者3800.14万人,收入305.03亿元;编制19个新建旅游景区建设发展规划,新增13个国家4A级旅游景区。"五一"小长假期间,推出黄果树陡坡塘—半边街慢游道、开阳画廊布依十三坊、南江大峡谷漂流码头接待中心和滑槽个性漂流等23个新景点、新项目,如避暑度假、观光农业、生态观光、文化体验、运动休闲、汽车露营等新业态。

2015年1—11月,100个旅游景区在建项目1061个,完成投资290.54亿元,15个旅游项目纳入全国优选旅游项目名目,累计招商签约项目198个,到位资金334.49亿元。遵义海龙囤作为中国三大土司遗址之一"申遗"成功,荔波樟江成功创建5A级旅游景区。

2016年全省100个旅游景区(新进13个,共计141个)累计建设项目983个,完成投资392.42亿元,完成全年计划数的140.15%,同比增长14.62%。贵阳青岩5A景区申报顺利通过国家旅游局(现为文化和旅游部)专家评审会评审。

纵观近几年贵州省100个旅游景区建设实践,呈现出以下特点。

1. 政府主导

发达国家和发展中国家旅游产业发展的实践证明,在旅游产业发展的初期,采用政府主导模式发展旅游业,可以发挥政府组织协调能力强、实施效率高、推进力度大等方面的优势。加之旅游产业要素在很大程度上都具有公共产品的属性和旅游产业是综合性极强的产业,涉及不同的管理部门和利益主体,只有政府才能从宏观角度出发,充分发挥公共产品的正外部性,在旅游产业发展总体规划、旅游资源调配、公共交通基础设施、旅游市场监管等方面整体把控。贵州省从2012年至今,省委省政府出台了一系列政策措施,对未来一段时间内贵州省旅游产业作了周密的布局。同时,在政府主导模式下,贵州也重视市场开发,特别是资金引入方面十分重视民间资本和民间投资主体的介入。当然,划分政府和市场的界限本来就是十分困难的经济难题,就贵州旅游产业发展而言,一切有利于旅游产业健康发展的力量都要重视和支持。

贵州在省级行政层面设有贵州旅游发展与改革领导小组,由省长担任组长,副省长担任副组长,成员包括各相关厅局行政一把手和各地州市行政领导正职,领导小组办公室设在省旅游局,由省文化和旅游厅厅长担任办公室主任。其主要职责是:

拟定全省旅游产业改革发展的政策，指导各地区、各相关部门创新体制机制改革，指导企业激发旅游发展的内生动力，丰富旅游业态，优化结构，促进旅游产业转型升级；决定全省旅游发展的重大事件，整合各种资源，促进旅游业与其他产业融合，推进旅游基础设施建设，提升旅游服务要素协同能力，加强重点景区建设，充分发挥项目带动功能，建设旅游强省；协调处理全省旅游发展中涉及多个地方和部门的重大事件，统筹协调，加强沟通配合；协调处理需以省委省政府名义与其他省（区、市）及国内外友好地区单位开展旅游合作的有关事项；对涉及全市旅游市场综合监管的突发性重大事项进行研究部署，提升旅游服务质量。

旅游发展与改革领导小组快速有序地推进"100个旅游景区"建设，全省旅游行业遵循"规划引领、示范带动、有序推进、滚动发展"的总体要求，以《贵州生态文化旅游创新区发展规划》为蓝图和顶层设计，建立了景区所属市（州）政府分管领导统筹部署、县（区）政府主要领导直接负责、景区项目主体具体推进的"省、市、县、景区"四级联动机制。

2. 规范标准

贵州省在推进100个旅游景区建设过程中制定了《贵州省100个旅游景区建设标准（试行）》和《贵州省100个旅游景区建设规划编制技术导则》。

在《贵州省100个旅游景区建设标准（试行）》中，将全省重点打造的100个旅游景区分为两级四类，其中两级包括21个"示范性旅游景区"，其建设目标是在2019年要建成国家5A级景区；其余79个重点旅游景区，其建设目标是在2019年建成国家4A级景区。四类分别是原有景区提升类、旅游文化综合体类、主题旅游类和旅游村镇类。该标准主要包括规划编制、景区建设进展、基础设施建设、景区环境与清洁卫生、游客服务（要素配置与整合）、宣传与促销、景区经营效益和景区管理八个方面。该标准体现了100个旅游景区建设在要素配置与整合、景区管理等方面的共性，作为编制规划、景区建设和进行评价考核的重要依据。同时标准对四类不同类型景区自身特点进行了突破：如对原有景区提升类，这类旅游景区一般建设基础较好，积累了不少管理经验，景区市场效益也有一定规模，今后建设要在提升上下功夫，即打造景区建设的"升级版"；对于旅游文化综合体类景区的建设和管理，要凸显文化特色，突出所在地区的民族文化、民俗文化和特色文化；对于主题旅游类景区的建设主要突出景区定位的"主题"，有体现旅游主体的产品体系和游览活动设计，要建立展示旅游主题的展览馆和博物馆，要提供反映旅游主题的旅游商品和纪念品，景区内的建筑物、设施、景区人员的服饰、标识（标牌）系统和文化表演等应充分体现景区的主体文化；旅游村镇类主要在"乡村性"和"原生态性"上下功夫。

《贵州省100个旅游景区建设规划编制技术导则》从100个旅游景区的现状和实际要求出发，提出：参照《旅游规划通则》相关规定，以项目发展规划为总体要求，同时侧重于控制性与修建性详细规划的复合型规划。这种复合型规划性质是为适应100个旅游景区建设量身定做的，具有一定的创新性。规划要求要点包括：规划须与《贵州生态文化旅游创新区产业发展规划》，以及经济社会发展规划、城乡建设体系规划、土地利用规划、相关专项规划相衔接，其中涉及风景名胜区、地质公园、森林公园、自然保护区、水利风景区、文物保护单位、历史文化保护区等有专项管理要求的景区，要同时符合有关法律法规、规范规定及规划要求。编制依据除了国家相关政策文件和技术标准外,还重点突出贵州自身的政策依据;编制原则突出生态文明、文化传承、合理布局、设施配套、环境优美、特色鲜明、产业主导、以人为本和可持续发展的原则;规划期限中对近期行为计划作了详细规定;最后规划成果主要组成部分也作了具体规定。

3. 动态管理

2013年6月28日贵州印发了《贵州省100个旅游景区建设考核办法(试行)》(黔旅发〔2013〕9号),该考核办法规定了季度考核和年度考核相结合的考核制度,考核结果作为景区能否进入全省100个旅游景区的依据,确立了能进能退的激励考核制度。同时印发了《贵州省100个旅游景区建设考核标准(试行)》(具体指标内容见表5-1)和关于《贵州省100个旅游景区建设考核标准(试行)》的考核评分细则,该考核标准和评分细则印发了2013年版,此后根据实际情况修改颁布实施。

表5-1 贵州省100个旅游景区建设2013年年度考核标准主要指标

一级权重指标	二级权重指标
规划编制工作	规划的完备性;规划的可操作性
投融资效果	投融资净到位率;景区投融资能力;政府投融资力度;年度投资均衡度
景区建设进展	年度项目建设;交通(含景区内外道路、步道、停车场);基础设施(含环境、给排水、电力、垃圾清运、排污、安全防灾等);服务设施(含酒店、旅社、公厕、旅客服务中心等)
宣传与促销	招商引资活动;媒体宣传推介
景区管理	政府管理;公司治理;制度管理;人力资源管理;项目质量管理;事故与投诉

续表

一级权重指标	二级权重指标
加分	投融资到位资金超过总投资计划；年度项目建设超过年度计划；年度获得 5A、4A 等称号情况

4. 提高旅游项目建设的供地效率

土地是旅游项目最核心的支撑要素，长期以来，旅游项目建设中存在建设用地与生态保护红线、基本农田和林地的矛盾，旅游项目建设的服务设施都需要大面积的建设用地，但是旅游资源集聚的区块往往是生态敏感区域，生态敏感区域很难大规模地提供建设用地，旅游用地作为用地的基本类型在政策上一直没有取得实质性突破，而以建设用地的配给标准来规范旅游项目建设，建设用地的调节所依托的国土空间规划调规面临着调规周期长、调规政策成本和调规难度大等现实困境，旅游项目建设用地很难大规模地片状供给。综合平衡生态保护与项目建设需求之间的矛盾，建议旅游项目建设用地供给可以从以下两个方面解决。一是改变过去旅游项目片状供给的现状，用"零星供给"的方法满足旅游项目建设需求，让建设用地与其他强保护度的土地相互嵌入、相得益彰。二是旅游项目规划设计建设中尽量节约建设用地，如生态停车场尽量少占用建设用地等。

(二) 贵州旅游产品建设存在的问题及对策

贵州推出重点建设 100 个旅游景区后，迎来了景区建设的高潮。贵州旅游要实现后发赶超，在政府主导下建设旅游景区是必要的，这将在一定时期内迅速提升贵州旅游景区建设水平、基础设施建设水平、贵州旅游知名度和美誉度，进而提高贵州旅游经济效益。但是在赶超建设景区的过程中，不可避免地会出现粗制滥造的问题,只讲求速度,不讲求质量,景区建设出不了精品,结果既浪费了资源,又为贵州旅游经济持续健康发展埋下了隐患。

1. 精品意识淡薄

从贵州出台的100个旅游景区建设标准和规划编制技术导则来看,新景区建设要求还是按照国家标准《旅游景区质量等级评定与划分》为依据,甚至在要求上还低于上述标准,缺乏建设精品景区的意识和规划,没有按照精品景区的要求对新景区建设提出更高的标准和要求。在原有景区升级改造方面,只是笼统地提到要在"提升"上下功夫、打造景区建设"升级版",没有细化具体的提升指标要求,让景区提升缺乏更高层次的要求。按照贵州省100个景区建设目标,2017年建成的国家A级景区也并不能称为精品。从规划编制技术导则来看,规划的性质是总体规划、控制性详规和修建性详规一体的复合型规划,尤其强调近期行动计划中近期重点建设的项目,这就明显地看出了贵州在建设100个旅游景区过程中的着重点始终是"速度",轻视了质的提高。

2. 项目推进不平衡

据统计,从2013年启动"100个旅游景区"建设以来,至2016年底,贵州省累计签约项目650个,累计签约资金2014.3亿元。全省旅游项目建设初见成果,但部分旅游景区建设工期无限拖延,妥乐古银杏—坡上草原风景区、九洞天旅游景区、九龙洞旅游景区、大明边城历史文化旅游景区完成年度计划投资均不到10%。

3. 招商引资效果欠佳

部分市(州)对旅游招商引资工作的认识有待提高,黔西南州望谟、册亨等旅游景区还没有市场主体。部分市(州)没有健全的跟踪服务机制，招商引资项目资金到位率偏低，如黔南州和六盘水市。至今未达到全省旅游景区招商引资资金平均到位率的有遵义市（2.66%）、铜仁市（27.58%）。娄山关生态文化旅游区、道真大沙河仡佬文化生态旅游度假区、钟山韭菜坪旅游风景区、习水鳛部生态文化旅游园区等招商引资资金到位率还不到5%。

部分市（州）对省委省政府提出发展贵州旅游升级版的认识有待提高，在旅游景区建设中还停留在"吃老本"的思想上，不重视景区管理和服务工作，如铜仁苗王城等旅游景区管理不到位，脏乱差问题较突出。

针对上述存在的问题，本书提出下列对策。

（1）打造一批以AAAAA级景区为核心的贵州旅游精品。

从前面计量研究可以得出结论：贵州与周边省区市相比，A级景区（特别是AAAAA级景区）的投入不足，没有形成有世界级吸引力的产品群。贵州应该在建设100个旅游景区过程中，采用政策倾斜策略，适当非均衡布局，调整鼓励一批资源禀赋高、旅游服务基础好的景区率先申报AAAAA景区，形成以良好自然生态环境为依托，以AAAAA级景区为核心吸引的旅游发展新格局。

（2）以2022年新版《旅游度假区等级划分》（GB/T26358-2022）修订为契机，建设一批精品国家级和省级旅游度假区。旅游度假区是区别于A级景区的旅游目的地重要的国家认同的品牌赛道，过去贵州在一定程度上存在对旅游度假区重视程度不够，A级景区与旅游度假区区分度低和旅游度假区建设中核心度假产品不突出等问题。实际上，偏重观光型旅游资源的A级景区已经发展到了一个不易突破的阶段。贵州可以依托三大度假型旅游资源：温泉、森林康养和凉爽气候，加大旅游度假区建设力度。具体操作就是要突出旅游度假区的度假功能，打造核心度假产品和拳头产品，做到五个方面。第一是主题特，度假资源在同一个区域内具有同质性，这就要求核心度假产品在差异化方面下功夫，差异化的突破口往往是特色文化或特定主题。第二是开发深，也就是"做到极致"，围绕主题的各个层面进行开发，活动内容丰富，新版标准要求国家级旅游度假区提供不少于六项与核心度假产品相关的休闲娱乐活动。第三是覆盖广，家庭市场是度假市场的主力，核心度假产品应当覆盖全年龄段的人群，让一家几口、老少三代都能够找到适合自己的度假活动。第四是业态全，宜围绕主题覆盖吃住行游购娱业态，尤其是要覆盖吃、住两大游客刚需的业态，提升餐饮住宿的独特性、吸引力、体验感、沉浸感。第五是常更新，核心度假产品应当在主题保持稳定的同时守正出新，以强运营的方式及时更新具体活动内容，吸引游客重游，保持度假区生命力，打造"一直被模仿，却从未被超越"的旅游度假区。

（3）树立精品景区理念、推动产品转型升级。

当前贵州 100 个旅游景区是按照《贵州省 100 个旅游景区建设标准（试行）》来新建景观和对原有景区进行升级改造，该标准基本上以国家 A 级旅游景区等级评定标准为蓝本。要实现贵州旅游景区在国家 A 级景区建设的基础上打造出精品旅游景区，就必须坚持标准化和个性化相结合的原则，旅游景区基本要素要按照国家 A 级景区构建，同时应该鼓励在标准化的基础上实现个性化景区建设，张扬景区个性，给景区发展预留巨大的发挥空间。在这个空间范围内，构建详细的精品景区指标体系，指标门类齐全，每一个指标体系设计又尽量高标准，高标准的具体指标尽量模糊化处理，给景区发展预留更大的空间。

（4）注重产品个性化塑造。

国际上旅游业发展成熟的国家经验表明：通过创新手段打造具有个性化的旅游精品是旅游走向市场的基础性条件。旅游强调的是游客对于旅游资源的新奇体验和跨文化审美，创意是旅游最大的吸引力所在，也是最大的价值和生命力所在。然而景区雷同、相互模仿的现象在当前国内的旅游市场是一个突出的问题。旅游产品和项目雷同的情况容易导致游客审美疲劳，对旅游景区和产品失去兴趣。❶ 前世界旅游组织秘书长佛朗加利曾经在2002年到贵州考察，贵州独特的民族风情和优美多姿的景色让佛朗加利陶醉不已。面对历史悠久民族文化的瑰丽和神奇，这位国际旅游界见多识广的专家不禁感叹自己"穿越时空而又回到久远年代"。在旅行途中，他重点考察了天龙屯堡和凯里的南花村寨，最终得出一个结论：贵州独特的民风民情和自然风光，是发展旅游业最好的财富。❷

（5）打造民族特色旅游商品研发、生产和销售体系。

旅游商品是旅游产品供给体系中价格透明度最差的领域，存在巨大的经济效益和社会效益空间。根据国家民族文化特色旅游商品研发的战略需求和市场发展趋势，结合实验室优势、特色和我国旅游商品市场的发展现状和趋势前景，现将贵州将要建设的民族地区旅游商品重点实验室的研究方向提炼整合如下：

①民族文化传统工艺品和特色旅游地数字化采集、分类与

---

❶ 赵克志．贵州旅游业发展要创新发展模式［EB/OL］．http：//gz. people. com. cn/n/2012/0322/e194848－16866044. html.

❷ 独特风情是发展旅游业的最好财富——记世界旅游组织秘书长佛朗加利的贵州情结［EB/OL］．http：// www. people. com. cn/GB/paper39/8038/761647. html.

数据库建设。注重民族文化资源与特色旅游地数字化挖掘、采集与分类，致力于民族文化资源与特色旅游地数据库建设。

②民族文化旅游商品创意设计研究。开展民族文化元素的创意提炼研究，探索民族旅游商品的创意设计路径，设计富有民族文化韵味的品牌名称与标志。

③民族文化特色旅游商品研发技术与集成应用研究。具体包括贵州民族文化特色旅游商品的数字化设计技术研究、基于数字化设计与现代工艺技术的民族特色旅游商品开发、民族工艺品3D打印关键技术集成研究与应用、特色旅游地典型锌合金旅游工艺品的研发与示范。

④民族文化旅游商品品牌建设研究。挖掘特色文化价值，打造民族文化特色旅游商品品牌，打造"政府+企业+高校+公益组织+乡村+设计师+消费者"共同循环扶持的民族传统手工艺旅游商品研发与培训平台。基于网络的营销和宣传推广关键技术研发，借助新媒体传播品牌。

虽然人们听说过贵州是一个"公园省"，却说不出几个在国际上叫得响的贵州旅游品牌。贵州景观的整体印象不突出，旅游特点不鲜明。旅游发展一直相对滞后，与国内其他省区市相比处于弱势地位，周边省区市对贵州形成了遮蔽效应。例如：探秘少数民族风情，国际游客大多情有独钟于云南，享受自然山水又会想到"桂林山水甲天下"的广西，亲近动植物又常常被四川的大熊猫、蜀南竹海所吸引，体验现代西部都市风情首先想到休闲之都（成都）和山城（重庆）。拥有丰富旅游资源的贵州要从周边旅游大省、强省的包围圈中崛起，就需要准确定位自身资源，打造特色风情，塑造独一无二的旅游现象。

贵州需要深度挖掘旅游资源的自然禀赋和文化潜质，打造贵州特色旅游资源，推出一批精品旅游景区。打造精品旅游景区要注重植入文化,贵州在开发喀斯特地貌自然风光旅游的同时,要深挖世居贵州的17个少数民族文化内涵,发掘红色胜地的历史遗迹,发掘茅台酒酿造等工艺文化内涵,推进旅游与文化深度融合发展。贵州旅游资源不论是自然山水风光还是民族风情文化都属于等级较高的资源禀赋,为此要注重在个性特色上下功夫,避免同质化,失去个性就失去了原本的竞争力。

第二节 贵州旅游目的地核心竞争力要素优化

一、创新高效金融支持机制

创新旅游业投融资机制。拓宽市场准入,打破行业、地区壁垒,精简审批手续,鼓励社会资本公平参与旅游业发展和各种所有制企业依法投资贵州旅游产业。要充分利用资本市场,通过贵州旅游集团等贵州龙头旅游企业上市、项目融资、联合融资、投资合作、信托等方式,扩大旅游企业经营规模。

丰富融资方式。充分利用企业债券、公司债券、企业短期融资券和中期票据、上市融资、私募股权融资、信托融资、金融租赁七种直接融资方式融资。充分发挥银行信用、消费信用、典当信用、保险基金等间接融资方式对贵州省旅游项目的支持力度。充分利用银团贷款、ABS债券融资、特许经营权融资、BOT融资、DEG融资、PPP融资、世界银行IFC无担保抵押中小企业融资、TOD等其他创新融资方式。

建立健全贵州省级旅游发展基金。成立贵州省旅游基金管理委员会,主要负责新的旅游基金的规划筹备、政策申请、制度安排、管理机制、运营操作以及对基金的合法合规性进行管理。成立贵州省旅游发展专项基金,主要用于人才培训、规划编制、旅游公共服务体系建设和形象宣传。应推动旅游基础设施和重大经营性项目的开发建设；整合现有资金渠道、拓宽资金来源，统筹用于旅游产业的规划建设。

发行贵州旅游发展省级债券。贵州省政府要充分利用政府债券融资的平台，申请财政部加大支持力度，加大债券发行数额。争取向财政部申请发放贵州旅游债券，用于高铁、航空以及100个旅游景区建设的政府投入部分。

成立贵州省旅游债券管理委员会，主要负责政府债券的规划筹备、政策申请、制度安排、管理机制、运营操作以及对基金的合法合规性进行管理。

鼓励贵州旅游企业发行债券融资。支持贵州大型旅游企业如贵州旅游集团等自主发行债券融资。可以借鉴"河南模式"，参考"2011年河南省中小企业集合债券"的发行模式，发行贵州省旅游企业集合债券，并通过银行间债券市场和交易所债券市场发行。实施统一组织、统一冠名、统一担保、分别负债、集合发行的模式，由贵州省发改委、经信委、旅游局牵头，贵州省当地省属旅游业的优质企业联合发行，寻求贵州省本地担保公司等非银行业担保机构统一担保，成立贵州省旅游企业担保集团，为统一担保人提供免费的再担保增信服务。同时提取1%的风险准备金和政府在本期债券存续期内提供1%的财政贴息等方式为该债券增信，提升该债券的信用等级。此外，作为牵头人，要进一步采取措施确保集合债券的安全运营和风险控制。

提高贵州旅游领域的银行授信标准。提高贵州旅游领域的授信标准主要做好以下几点工作。一是省政府争取中国人民银行出台文件调高旅游业整体的银行授信标准。二是省政府争取重要政策文件支持，增加国家开发银行等银行对贵州旅游的支持力度。三是以当地项目未来现金流为保证,省政府财政贴息、省国有企业担保,更加完善旅游企业融资担保等信用增强体系,增加各类信用担保机构对旅游项目担保力度。

争取中国人民银行的政策支持,对于涉及贵州旅游项目的债务,按照市场化、法治化原则,在落实地方政府化债责任和不新增地方政府隐性债务的前提下,允许融资平台公司对符合条件的存量隐性债务,与金融机构协商采取适当的展期、债务重组等方式维持资金周转。

申请发行支持贵州旅游发展的旅游彩票。申请发行贵州100个旅游景区重点建设彩票,创造条件发行竞猜型多彩民族文化体育彩票、发展民族特色博彩业等探索性政策的出台和实施。

资本的投入量是基础,但是资本的使用效率更是资本投入的关键,贵州应该在上述做大资本投入量的基础上,注重资本使用效率,通过严格资本使用制度,提高旅游资本使用效率,做到"每一分钱都用到刀刃上",促进贵州旅游的高效投入和高效产出。

二、激发旅游发展新智力

在旅游经济发展进入新常态的情况下,智力是旅游发展的主要支持要素,人才是智力的载体,贵州发展必须注重人才的聚集。具体建议有:

"贵州旅游大学"工程。依托贵州大学、贵州师范大学,整合现有的贵州旅游专科学校、贵州省旅游学校等本地旅游职业教育,打造旅游专业高等学府,并设立生态文化旅游管理专业、旅游服务专业、城市休闲娱乐专业等特色专业。

抓住国家高等学校"双一流"契机,支持以贵州大学旅游与文化产业学院为重点的院系申报旅游管理国家级一流本科专业,进入国家级学科赛道,同时整合资源,支持有实力、有旅游管理学术硕士授权点院系申报旅游管理博士点,形成本科、硕士和博士一体化的全学术链科研体系。

全国度假与新业态人才聚集区工程。引进旅游院校和高档次旅游培训机构、人才研究机构,面向国内外聚集师资。院校招生、培训机构提供短期培训、旅游企业提供研修和实习,建立新业态人才研发基地。

导游人才队伍优化工程。建立金牌导游队伍。第一批审核通过1000人,随后每年增加100人。加强导游证监管制度,增加笔试审核环节,对于未达标的导游予以处分;规范导游队伍,严厉打击黑导游、野导游。

旅游管理人才与专业技术人才素质提升工程。推行"人才绿卡"政策,出台旅游人才落户、住房、医疗等优惠政策,吸引高端旅游管理人才。举办旅游人才技能大赛,促进优秀旅游人才脱颖而出。

旅游企业人才开发示范工程。制定人才开发示范企业评价标准与规范,从人才发展规划、人才开发体系、岗位证书开发、人才管理制度、校企合作等方面开展试点。

乡村旅游实用人才素质提升工程。建立乡村旅游从业人员培训基地。政府、旅游院校和社会公益组织等共同投入,鼓励大型旅游企业参与。建立乡村旅游教育培训网络平台,送教上门、集中授课、结对帮扶、技能巡演、以赛促训。

旅游行业名家进课堂工程。邀请国内外旅游业专家学者、行业带头人定期到各高校旅游专业进行巡讲。旅游企业定期邀请旅游行业名家进行员工培训,使旅游业从业人员及时了解国内外旅游行业最新动态与最新理念知识。

"国际化旅游人才培训基地"试点工程。实行中英、中日、中俄、中韩等双语教学。与国际知名学府建立合作关系，实施国际交流生计划，高校双方互相承认学分。

"贵州省旅游人才信息化"工程。建立旅游人才调查平台和信息发布平台。建立导游信息库、职业经理人信息库、旅游专家库等旅游人才数据库。开发网上教育培训、考试与管理信息系统；建立网上人才市场。

加强与中国旅游研究院合作，争取建成落地贵州的"民族地区旅游高质量发挥研究基地"的中国旅游研究院贵州分院。利用中国旅游研究院资源培养高层次旅游管理人才。

大力支持以大学生为主要群体的大学生创新创业活动，从平台建设、国家级赛事举办和奖励等多维度支持创新创业，为旅游新业态发展注入年轻人的智慧和活力。

借力人才博览会聚集各方英才。中国贵州人才博览会已成功举办六届，通过这个平台，贵州已经成为净人才流入地比较集中的地区，要继续提升贵州人才博览会的国际化程度，为更多的旅游人才到贵州创业、兴业搭建平台。

结论与展望

生态理论为旅游目的地核心竞争力研究提供了全新的理论视角。从宏观理论上看，本研究关于旅游目的地核心竞争力问题的探讨，切中了旅游目的地竞争力的要害，进一步细化了旅游目的地竞争力研究，找到了旅游目的地竞争力的核心着力点。同时，本研究在分析旅游目的地核心竞争力问题时，注重核心竞争力的理论指导，用生态理论指导核心竞争力指标选取、模型构建等方面，将生态理论与旅游目的地核心竞争力紧密相扣，形成了体系完整的生态理论视角下旅游目的地核心竞争力研究框架。

实证分析方面，本研究根据贵州良好的生态环境本底，选择了贵州作为研究对象，将贵州与周边五省区市作对比研究，通过数据包络分析方法分析了贵州与周边五省区市的一般效率与非效率、超级 DEA 效率和产出不足与投入冗余，得出结论：

贵州旅游产业效率相对较高；从产出上看，贵州不存在产出不足的问题；从投入上看，2011—2020 年贵州旅游从业人员、A 级景区和生态指数（省级以上自然保护区、森林公园等聚合指标）一直表现为投入不足，也进一步印证了贵州旅游目的地效率比较高。在固定资产投资方面，贵州多年表现为投资冗余。最终，从两个方面印证分析了上述结论，一是从影响投入与产出关系的环保投入、突发事件等因素出发，运用 Tobit 回归模型印证了结论；二是从旅游者、当地社区居民和旅游开发经营企业的生态意识、生态责任等方面分析了结果产生的契合效度。

旅游目的地核心竞争力问题是一个极其宏观的问题,理论视角也是根据研究对象的特征有不同的选择。本研究只是抛砖引玉,未来研究可从以下几个方面深入。

一是从研究视角上看,除了本书的生态理论视角外,旅游目的地核心竞争力还可以从系统论中吸取理论营养,毕竟核心竞争力是竞争力的一个方面,二者存在包含和被包含的逻辑关系,系统论可能会为旅游目的地核心竞争力问题的深入研究提供方向。

二是从评价单元的选择上,本书根据旅游目的地之间的竞争力会随着目的地间的距离增加而减弱的规律,选择了贵州周边的五省区市作为评价对比分析单元。未来的研究可以考虑将五省区市作为与贵州对比分析的五个评价单元扩展到全国所有省区市,作为一个宏观的重大课题进行研究。

三是如果将与贵州对比分析的评价单元扩展到全国所有省区市,在评价指标的选取上可以更多地考虑指标的一般代表性和数据的可获得性进行指标体系的调整,增强数据分析的可靠性和科学性。

附 录

一、旅游企业生态责任、生态形象和生态意识调查问卷

尊敬的女士/先生：

您好！

非常感谢您抽空答此问卷。这是一份学术性的研究问卷，我们的目的是调查旅游企业生态形象、生态责任和生态意识的状况。本问卷采用不记名形式，您所提供的信息将被做学术研究使用，对于您的资料我们绝对保密。谢谢合作！

1. 企业所处省份：＿＿＿＿＿＿；所处旅游行业：＿＿＿＿＿＿；是否上市：＿＿＿＿＿＿［填空题］［必答题］

2. 贵公司所属性质：
A. 国有企业　B. 民营企业　C. 外商独资企业　D. 中外合资/合作企业　E. 台港澳资企业　F. 其他＿＿＿＿＿＿［单选题］［必答题］

3. 贵公司资产规模（与同行业相比）：
A. 特大型　B. 大型　C. 中型　D. 小型［单选题］［必答题］

4. 贵公司正处于：

　　A. 创业初期（3 年以内）　　B. 发展阶段（3 年到 5 年）
C. 初步稳定阶段（5 年到 10 年）　　D. 稳定发展阶段（10 年到
20 年）　　E. 存在 20 年以上［单选题］［必答题］

5. 贵公司主要经营业务是：_____［填空题］

6. 您所在公司（部门）：_____ 职务：
_____［填空题］

温馨提示：请根据您的意见在下面 1—5 数字上打√。

7. 贵公司的生态责任【"1" = "很不好（很不同意）"；"5" = "非常好（非常同意）"】

很不好（很不同意）→ 非常好（非常同意）

1) 对企业生态责任的了解程度	1	2	3	4	5
2) 企业承担生态责任的情况	1	2	3	4	5
3) 企业文化中包含生态环境保护内容的情况	1	2	3	4	5
4) 环境保护对企业发展重要性	1	2	3	4	5
5) 能满足社会对企业的环保要求情况	1	2	3	4	5
6) 遵守环境法规要求情况	1	2	3	4	5
7) 符合预期的环境法规要求情况	1	2	3	4	5
8) 企业对当地生态环境的关注情况	1	2	3	4	5
9) 企业员工留意有关生态环境事项的情况	1	2	3	4	5

续表

8. 贵公司的生态形象【"1"="很不好";"5"="非常好"】
很不好→非常好

1）对企业生态形象的了解情况	1	2	3	4	5
2）及时获得旅游者对环境的反馈信息情况	1	2	3	4	5
3）改善企业环境形象情况	1	2	3	4	5
4）企业理念形象中保护生态环境内容情况	1	2	3	4	5
5）企业行为形象中体现保护生态环境内容情况	1	2	3	4	5
6）企业视觉形象中融入保护生态环境要素情况	1	2	3	4	5
7）企业行为与当地环境的和谐情况	1	2	3	4	5
8）企业履行环境保护的情况	1	2	3	4	5
9）企业投身生态环境保护效果情况	1	2	3	4	5
10）企业与当地居民的生态和谐情况	1	2	3	4	5

9. 贵公司的生态意识【"1"="很不好（很低）";"5"="非常好（非常高）"】
很不好（很低）→非常好（非常高）

1）企业的绿色理念	1	2	3	4	5
2）生态旅游产品领先开发情况	1	2	3	4	5
3）进行环保、节能节水认证的积极性	1	2	3	4	5
4）对员工生态环境教育情况	1	2	3	4	5
5）对ISO 14000的认识情况	1	2	3	4	5
6）企业对生态效益的追逐程度（与其他利益相关者比较）	1	2	3	4	5
7）与其他企业合作共同进行生态创新情况	1	2	3	4	5
8）企业管理层的生态意识情况	1	2	3	4	5
9）企业员工的生态意识情况	1	2	3	4	5
10）企业决策中对生态环境的关注度	1	2	3	4	5

二、社区居民生态责任和生态意识调查问卷

尊敬的女士/先生：

您好！

非常感谢您抽空答此问卷。这是一份学术性的研究问卷，我们的目的是调查旅游地社区居民的生态意识和生态责任情况。本问卷采用不记名形式，您所提供的信息将被做学术研究使用，对于您的资料我们绝对保密。谢谢合作！

1. 您居住的省份：_____。

2. 您的性别：_____。

3. 您的年龄（周岁）：_____。

4. 您的学历：_____。

5. 您所在的居住地地处（或临近）哪个景区：_____。

温馨提示：请根据您的意见在下面 1—5 数字上打√。

6. 生态意识【"1" = "很不赞同"；"5" = "非常赞同"】
很不赞同 →非常赞同

1）您参加环境保护活动意愿	1	2	3	4	5
2）您对国家封山育林的看法	1	2	3	4	5

续表

3）我们的环境很脆弱，易破坏	1	2	3	4	5
4）生态环境对选择居住地时非常重要	1	2	3	4	5
5）人类为了生存必须与自然和谐相处	1	2	3	4	5
6）了解周围环境状况及发展趋势非常重要	1	2	3	4	5
7）个人在环境保护中作用很大	1	2	3	4	5
8）自然资源丰富，取之不尽、用之不竭	1	2	3	4	5
9）人类对环境的影响非常有限	1	2	3	4	5
10）为满足需要，我们有权改造环境	1	2	3	4	5

7. 生态责任【"1"="很不愿意"；"5"="非常愿意"】
很不愿意→非常愿意

1）参加社区组织的环境保护活动情况	1	2	3	4	5
2）向他人宣传环保知识情况	1	2	3	4	5
3）对家里的垃圾进行妥善处理情况	1	2	3	4	5
4）一次性用品使用情况（如一次性筷子、纸杯）	1	2	3	4	5
5）节约用水、用电、用纸情况	1	2	3	4	5
6）使用塑料袋情况	1	2	3	4	5
7）为了生活砍伐树木情况	1	2	3	4	5
8）制止他人破坏环境行为	1	2	3	4	5
9）您的家庭生活方式对周边环境带来不利影响程度	1	2	3	4	5
10）选择使用具有绿色环保标志的产品情况	1	2	3	4	5

8. 对旅游开发方式生态性的关注【"1"="很不关注"；"5"="非常关注"】
很不关注→非常关注

续表

1）景区开发企业过去开发业绩中的生态旅游开发情况	1	2	3	4	5
2）关注开发企业开发手段的生态性	1	2	3	4	5
3）景区规划中对生态环境的保护措施	1	2	3	4	5
4）景区开发企业合作单位的生态环境保护手段考量	1	2	3	4	5
5）景区开发企业新技术使用情况	1	2	3	4	5
6）景区开发企业与当地政府签订生态责任书情况	1	2	3	4	5
7）景区开发生态环境保护跟踪监督机制	1	2	3	4	5

三、旅游者生态评价调查问卷

尊敬的女士/先生：

您好！

非常感谢您抽空答此问卷。这是一份学术性的研究问卷，我们的目的是调查旅游者对旅游目的地的生态评价情况。本问卷采用不记名形式，您所提供的信息将被做学术研究使用，对于您的资料我们绝对保密。谢谢合作！

1. 您的性别：_____。

2. 您的年龄（周岁）：_____。

3. 您的学历：_____。

4. 您的职业：

　　A 政府机关或事业单位　　B 企业职工　　C 个体私营业者　　D 军人　　E 农民　　F 学生　　G 失业、待业及下岗人员　　H 其他

5. 您属于哪种类型的游客：

　　A 跟团游客　　B 背包客　　C 年轻旅行者（非背包客）　　D 其他

6. 您在××省去过哪些主要景区：1 _____ 2 _____ 3 _____ 4 _____ 5 _____ 6 _____（请根据实际情况填写。）

温馨提示：请根据您的意见在下面 1—5 数字上打√。

7. 旅游者对××省旅游产品的生态性认同【"1" = "很不赞同"；"5" = "非常赞同"】

很不赞同 →非常赞同

	1	2	3	4	5
1）生态环境是吸引您前往××省旅游的原因	1	2	3	4	5
2）××省在生态环境方面与其旅游宣传描述一致	1	2	3	4	5
3）您觉得××省生态旅游产品可以信赖	1	2	3	4	5
4）××省尽其所能地履行对游客的生态义务	1	2	3	4	5
5）您会为××省旅游产品的生态属性支付更多费用	1	2	3	4	5
6）您会向亲朋好友讲述××省生态环境	1	2	3	4	5
7）××省给您留下的生态印象很好	1	2	3	4	5
8）××省生态环境依然对您有很大吸引力	1	2	3	4	5

续表

8. 旅游者对××省生态体验【"1"="很不好";"5"="非常好"】很不好→非常好					
1）××省旅游服务设施使用生态材料情况	1	2	3	4	5
2）××省旅游景区开发中生态保护情况	1	2	3	4	5
3）××省旅游企业经营严守生态底线情况	1	2	3	4	5
4）××省旅游服务人员生态意识	1	2	3	4	5
5）××省社区居民生态意识	1	2	3	4	5
6）××省景区服务与生态环境友好程度	1	2	3	4	5
7）××省酒店服务与生态环境友好程度	1	2	3	4	5
8）××省旅游交通与生态环境友好程度	1	2	3	4	5
9）××省旅游商品使用生态原料情况	1	2	3	4	5
10）对××省的生态体验满意度	1	2	3	4	5
9. 旅游者对××省生态环境的评价【"1"="很不好";"5"="非常好"】很不好→非常好					
1）××省植被覆盖情况	1	2	3	4	5
2）××省空气质量情况	1	2	3	4	5
3）××省水质量情况	1	2	3	4	5
4）××省当地居民友善情况	1	2	3	4	5
5）××省当地文化多样性和丰富度	1	2	3	4	5
6）××省生产生活垃圾处理情况	1	2	3	4	5
7）××省政府对生态环境的重视程度	1	2	3	4	5
8）××省政府生态环境治理措施的效果	1	2	3	4	5
9）××省生态环境变化趋势	1	2	3	4	5
10）××省未来生态环境预期	1	2	3	4	5

参考文献

一、中文文献

[1] 陈实,梁学成.旅游管理前沿专题[M].北京:中国经济出版社,2013.

[2] 曹艳英.区域旅游产业发展的理论与实证研究[M].北京:中国社会科学出版社,2013.

[3] 成刚.数据包络分析方法与 MaxDEA 软件[M].北京:知识产权出版社,2014.

[4] Edward Inskeep.旅游规划———一种综合性的可持续的开发方法[M].张凌云,译.北京:旅游教育出版社,2004.

[5] 胡北明,雷蓉,曾绍伦.贵州省旅游发展的热点问题研究[M].成都:西南财经大学出版社,2015.

[6] 胡芬.可持续旅游产业生态化发展论[M].北京:中国环境科学出版社,2009.

[7] 鞠美庭,盛连喜.产业生态学[M].北京:高等教育出版社,2008.

[8] J. R. Brent Ritchie, Geoffrey I. Crouch.旅游目的地竞争力管理[M].李天元,等译.天津:南开大学出版社,2006.

[9] 连玉明.中国生态文明发展报告[M].北京:当代中国出版社,2014.

[10] 连玉明.贵阳建设全国生态文明示范城市报告[M].北京:当代中国出版社,2014.

[11] 刘名俭.中国旅游产业竞争力发展研究[M].北京:科学出版社,2011.

[12] 刘思华. 刘思华文集 [M]. 武汉：湖北人民出版社，2003.

[13] 厉无畏. 创新产业导论 [M]. 上海：学林出版社，2006.

[14] 罗明义，毛剑梅. 旅游服务贸易——理论·政策·实务 [M]. 昆明：云南大学出版社，2007.

[15] 明庆忠，李庆雷. 发展旅游循环经济的科技支撑研究 [M]. 北京：科学出版社，2008.

[16] 耐杰尔·埃文斯，大卫·坎贝尔，乔治·斯通休萨. 旅游战略管理 [M]. 马桂顺，译. 沈阳：辽宁科学技术出版社，2005.

[17] 唐洪广，孙逸民，彭德成. 中国旅游景区精品建设探索与实践 [M]. 北京：商务印书馆，2002.

[18] 吴大华，李洁，潘善斌，等. 贵州与瑞士发展比较研究 [M]. 北京：社会科学文献出版社，2014.

[19] 王晨光. 旅游营销管理 [M]. 北京：经济科学出版社，2004.

[20] 王晨光. 旅游目的地营销 [M]. 北京：经济科学出版社，2005.

[21] 伍飞，苏耀荣. 旅游营销中国 [M]. 北京：新华出版社，2009.

[22] 王德刚，宋文旭. 旅游强省战略——山东省旅游竞争力提升研究 [M]. 济南：山东大学出版社，2009.

[23] 熊元斌. 旅游业、政府主导与公共营销 [M]. 武汉：武汉大学出版社，2008.

[24] 叶全良，丁枢. 旅游经济学 [M]. 北京：旅游教育出版社，2010.

[25] 易丽蓉. 区域旅游产业经济学研究 [M]. 南京：南京大学出版社，2009.

[26] Youcheng Wang，Abraham Pizam. 目的地市场营销与管理：理论与实践 [M]. 张朝枝，郑艳芬，译. 北京：中国旅游出版社，2014.

[27] 张梦. 区域旅游业竞争力理论与实践研究 [M]. 成都：西南财经大学出版社，2005.

[28] 郑世卿. 产业组织视角下的中国旅游业 [M]. 上海：上海社会科学出版社，2013.

[29] 张广瑞. 旅游规划的理论与实践 [M]. 北京：社会科学文献出版

社，2004.

[30] 朱建平，殷瑞飞. SPSS 在统计分析中的应用［M］. 北京：清华大学出版社，2007.

[31] 安金明. 旅游目的地的创新集成模型研究［J］. 武汉理工大学学报，2005（12）.

[32] 把多勋. 区域旅游产业发展战略研究论纲［J］. 旅游科学，2005（3）.

[33] 保继刚，唐新民. 区域旅游发展战略理论初探［J］. 云南社会科学，1988（5）.

[34] 蔡华杰. 当代生态社会主义发展观研究［D］. 福州：福建师范大学，2013.

[35] 曹步霄，沙润. 国际化背景下的镇江旅游目的地营销策略研究［J］. 商业研究，2008（8）.

[36] 阚如良，周银珍，郑宇飞，等. 转型期三峡旅游核心竞争力分析与发展对策［J］. 三峡大学学报（人文社会科学版），2004（9）.

[37] 陈传康. 区域旅游发展战略的理论和案例研究［J］. 旅游学刊，1986（1）.

[38] 陈红兵. 奥康纳生态学马克思主义与生态文化建设［J］. 深圳大学学报（人文科学版），2007（5）.

[39] 陈寿兰，袁玲红. 生态学马克思主义研究述评［J］. 江西农业大学学报（社会科学版），2010，9（3）.

[40] 陈腾，杨开忠. 区域旅游战略规划研究［J］. 科学进步与对策，2003，20（17）.

[41] 陈晓华，张小林. 边缘化地区核心竞争力的产业生态化策略［J］. 南京财经大学学报，2005（3）.

[42] 成伟光，李志刚，简王华. 论旅游产业核心竞争力［J］. 人文地理，2005（1）.

[43] 崔凤军. 中国传统旅游目的地创新与发展［D］. 北京：中国科学院研究生院，2001.

［44］高大帅，明庆忠，李庆雷. 旅游产业生态化研究［J］. 资源开发与市场，2009，25（9）.

［45］高静，章勇刚. 旅游目的地品牌化若干基本问题的探讨［J］. 北京第二外国语学院学报（旅游版），2007（9）.

［46］郭剑仁. 评福特斯对马克思的物质变换裂缝理论的建构及其当代意义［J］. 武汉大学学报（人文科学版），2006（2）.

［47］郭鲁芳. 关于我国旅游业国际竞争力的思考［J］. 旅游科学，2000（2）.

［48］郭清霞，鲁娟. 鄂西生态文化旅游圈生态竞争力分析［J］. 经济地理，2012，32（1）.

［49］郝华勇. 论城市圈旅游发展理念与原则［J］. 理论建设，2011（6）.

［50］何丽芳. 论旅游资源合理利用的生态经济准则［J］. 湖南林业科技，1999（4）.

［51］何炎炘，李进华. 基于可持续发展战略的生态竞争力评价——以安徽省为例［J］. 长江流域资源与环境，2013，22（4）.

［52］何炎炘. 安徽省各市生态竞争力理论研究与评价［J］. 安徽大学学报，2012（5）.

［53］黄秀娟. 旅游目的地国际竞争力决定因素研究——基于中国省级区域的分析［D］. 厦门：厦门大学，2007.

［54］康娟，薛丽丽. 基于AHP/DEA的农业上市公司绿色竞争力评价研究［J］. 经济研究导刊，2011（13）.

［55］雷彬. 价值链视角下地质公园核心竞争力研究——以湖北黄冈大别山国家地质公园为例［D］. 武汉：中国地质大学（武汉），2016.

［56］黎洁，赵西萍. 论国际旅游竞争力及其阶段性演进［J］. 社会科学家，1999（5）.

［57］李洁. 基于数据包络方法的生态政策评价研究［J］. 大连理工大学学报，2013（1）.

［58］李蕾蕾. 城市旅游形象设计探讨［J］. 旅游时代，2008（11）.

［59］李莉叶. 基于复杂性系统的旅游目的地核心竞争力研究——以旅游

目的地云南省为例［D］．昆明：云南大学，2013．

［60］李维，杨燕，曾克峰．旅游目的地系统及其核心竞争力研究［J］．安徽农业科学，2007（9）．

［61］李永文，郭影影．概念性旅游规划探讨［J］．河南大学学报（自然科学版），2006（4）．

［62］刘锋．区域旅游形象设计研究——以宁夏回族自治区为例［J］．经济地理，1999（3）．

［63］龙江智．旅游目的地营销：思路和策略［J］．东北财经大学学报，2005（5）．

［64］卢毅勤．层次分析法在城市竞争力评价中的作用分析［J］．商场现代化，2007（35）．

［65］麻学锋，张世兵，龙茂兴．旅游产业融合路径分析［J］．经济地理，2010，30（4）．

［66］孟祥伟．旅游产业核心竞争力与区域经济发展［D］．天津：河北工业大学，2010．

［67］彭武运，陈静，姚小烽．论民族地区旅游产业核心竞争力的培育与提升——以湘西土家族苗族自治州为例［J］．民族论坛，2007（8）．

［68］彭永祥．基于旅游者收益的地质公园核心竞争力及其评价［D］．西安：陕西师范大学，2010．

［69］青舟．以城市旅游促进特色城市发展［J］．城市观察，2014（1）．

［70］邱尔妮，栾海峰，邱尔卫，等．基于因子分析的我国区域生态竞争力评价及提升路径［J］．科技进步与对策，2012，29（12）．

［71］邵革军．旅游目的地的竞争力评价及其应用研究［D］．成都：西南交通大学，2014．

［72］邵金萍．旅游企业核心竞争力研究［D］．西安：西北大学，2007．

［73］宋章海．试论旅游目的地核心竞争力的培育［J］．改革与战略，2008（8）．

［74］苏伟忠，杨英宝，顾朝林．城市旅游竞争力评价初探［J］．旅游学刊，2003，18（3）．

[75] 孙会国,徐建华. 城市边缘区景观生态规划的人工神经网络模型 [J]. 生态科学, 2002 (2).

[76] 孙曰瑶. 区域旅游发展战略理论 [J]. 宁夏大学学报(社会科学版), 1989 (2).

[77] 王纯阳,黄福才. 基于SEM的旅游目的地竞争力影响因素研究——以张家界为例 [J]. 当代经济管理, 2011, 33 (4).

[78] 王大悟. 科学发展观与旅游可持续发展 [J]. 旅游学刊, 2005 (1).

[79] 王化冰. 高速公路企业核心竞争力研究 [D]. 武汉:武汉理工大学, 2011.

[80] 巫宁. 信息传播:旅游目的地营销与服务的关键环节 [J]. 旅游学刊, 2007 (10).

[81] 吴开亚,李如忠,陈晓剑. 区域生态环境评价的灰色关联投影模型 [J]. 长江流域资源与环境, 2003 (5).

[82] 伍进. 旅游景区核心竞争力构建探析 [J]. 特区经济, 2006, (1).

[83] 肖光明. 旅游目的地营销特点与策略研究——以肇庆市为例 [J]. 热带地理, 2008 (5).

[84] 徐虹,范清. 我国旅游产业融合的障碍因素及其竞争力提升策略研究 [J]. 旅游科学, 2008, 22 (4).

[85] 徐辉,蔡溶. 对旅游产业生态过程的研究 [J]. 旅游学刊, 2002 (2).

[86] 杨英宝,钱乐祥,苗长虹. 旅游竞争研究的回顾与展望 [J]. 世界地理研究, 2002 (2).

[87] 杨勇. 旅游目的地竞争力框架中的"文化"因素分析:一个综述 [J]. 旅游学刊, 2006 (12).

[88] 易成栋,罗志军. 中国生态工业园初探 [J]. 中国人口·资源与环境, 2002 (3).

[89] 易丽蓉,李传昭. 旅游目的地竞争力五因素模型的实证研究 [J]. 管理工程学报, 2007 (3).

[90] 殷红梅,杨龙. 贵州喀斯特民族地区旅游业可持续发展研究[J]. 贵州师范大学学报,2000(3).

[91] 张翠,范淑青. 国内旅游目的地营销研究综述及展望[J]. 安徽农业科学,2009,37(24).

[92] 张谷. 旅游发展模式比较研究——兼论西部旅游跨域式发展思路[J]. 社会科学研究,2010(3).

[93] 张化丽. 旅游目的地营销效果评价指标体系的建立[J]. 西安文理学院学报(自然科学版),2007(4).

[94] 张丽娜,陈郁,张树深. 生态工业园区水资源管理模式探讨[J]. 环境科学与技术,2006(S1).

[95] 张梦. 区域旅游业竞争力:二维度分析模型[J]. 旅游科学,2006(5).

[96] 张明清,刘超. 旅游产业国际竞争力的理论思考与竞争态势分析[J]. 经济问题探索,2000(4).

[97] 张圣. 旅游目的地营销策略初探[J]. 商场现代化,2006(31).

[98] 赵志霞,殷红卫. 城市旅游发展战略探析——以丽江为例[J]. 经济研究导刊,2013(1).

[99] 钟行明,喻学才. 国外旅游目的地研究综述——基于Tourism Management近10年文章[J]. 旅游科学,2005(3).

[100] 钟燕,厉新建. 旅游目的地竞争与吸引力创新分析[J]. 商业经济与管理,2006(11).

[101] 邹家红,袁开国,杨洪. 湖南旅游核心竞争力评价[J]. 国土与自然资源研究,2006(3).

二、外文文献

[1] ANSELL C, GASH A. Collaborative Governance in Theory and Practice [J]. Journal of Public Administration and Theory, 2008, 18 (4).

[2] BEAUMONT N, DREDGE D. Local Tourism Governance: A Comparison of Three Network Approaches [J]. Journal of Sustainable Tourism, 2010,

18 (1).

[3] BORDAS E. Competitiveness of Tourist Destinations in Long Distance Markets [J]. The Tourist Review, 1994, 4 (3).

[4] BUHALIS D. Marketing the Competitive Destination of the Future [J]. Tourism Management, 2000, 21 (1).

[5] COOPER M. Tourism Planning and Education in Vietnam: A Profile 1995—2010 [J]. Pacific Tourism Review, 1997, 1 (1).

[6] CROUCH G I, RITCHIE J R B. Tourism, Competitiveness and Social Prosperity [J]. Journal of Business Research, 1999, 44 (3).

[7] HAUTESERRE A M. Lesson in Managed Destination Competitiveness the Case of Foxwoods Casino Resort [J]. Tourism Management, 2000, 21 (1).

[8] DIMITRIOS B. Marketing the Competitive Destination of the Future [J]. Tourism Management, 2000 (21).

[9] DONALD E H. A protected Areas Ecoyourism Competitives Cluster Approach to Catalyse Biodiversity Conservation and Economic Growth in Bulgaria [J]. Journal of Sustainable Tourism, 2004 (3).

[10] DWYER L, KIM V. Destination Competitiveness : Determinants and Indicators [J]. Current Issues in Tourism, 2003, 6 (5).

[11] ERNIE H. Towards a Model to Enhance Destination Competitiveness: A Southern African Perspective [J]. Journal of Hospitality and Management, 2003 (2).

[12] GUNN C A. Tourism Planning [M]. New York: Taylor and Francis, 1988.

[13] HASSAN S S. Determinants of Market Competitiveness in an Environmentally Sustainable Tourism Industry [J]. Journal of Travel Research, 2000, 38 (2).

[14] LARRY D, CHULWON K. Destination Competitiveness: Determinants and Indicators [J]. Current Issues in Tourism, 2003 (5).

[15] LARRY D, PETER F, PRASADA R. The Price Competitiveness of Travel

and Tourism: A Comparison of 19 Destination [J]. Tourism Management, 2000 (2).

[16] LEIPER N. Tourism Attraction System [J]. Annals of Tourism Research, 1990 (17).

[17] LEIPER N. The Framework of Tourism: Towarda a Definition of Tourism, Tourist and the Tourist Industry [J]. Annals of Tourism Research, 1979, 6 (4).

[18] MUHAMMAD A, FRANK L. Recent Developments in the Association of South East Asian Nations (ASEAN) Tourist Industry: Manpower Development, Training Issues and Competitiveness [J]. CR Special Issue, 1999 (1).

[19] MURPHY P, PRITCHARD M P, SMITH B. The Destination Product and its Impact on Traveler Perceptions [J]. Tourism Management, 2000 (21).

[20] OYEWOLE P. International Tourism Marketing in Africa: An Assessment of Price Competitiveness Using the Purchasing Power Parities of the ICP [J]. Journal of Travel & Tourism, 2004 (1).

[21] PARK S Y, PETRICK J F. Destinations Perspectives of Branding [J]. Annals of Tourism Research, 2006, 33 (1).

[22] PEARCE D. Competitive Destination Analysis in Southeast Asia [J]. Journal of Travel Research, 1997, 35 (4).

[23] BUCKLEY P J, PASS C L, PRESCOTT. Measures of International Competitiveness: A Critical Survey [J]. Journal of Marketing Management, 1988 (2).

[24] POON A. Tourism: Technology and Competitive Strategy [M]. UKAB International, Wallingford, 1993.

[25] PORTER M. Case Competitive Strategy [M]. New York: The Free Press, 1983.

[26] PORTER M. Competitive Advantage, Creating and Sustaining Superior

Performance [M]. New York: The Free Press, 1985.

[27] PORTER M. Competitive Strategy for Analyzing Industries and Competitors [M]. New York: The Free Press, 1980.

[28] PORTER M. The Competitive Strategy of Nations [M]. London: Macmillan, 1990.

[29] RITCH J, CROUCH G I. The Competitive Destination: A Sustainable Tourism Perspective [M]. Cambridge: CABI Publishing, 2003.

[30] SCHERTLER W, SCHINID B, TJOA A M. Information and Communication Technologies in Tourism [M]. New York: Springer Verlag GmbH, 2010.

[31] SOYOUNG B, JAMES B, SEYHMUS B. A Model of Customer——Based Brand Equity and Its Application to Multiple Destinations [J]. Tourism Management, 2009, 30 (2).

[32] WANG Y, YU Q, FESENMAIER D R. Defining the Virtual Tourist Community: Implications for Tourism Marketing [J]. Tourism Management, 2002 (23).

[33] WOBER K W. Information Supply in Tourism Management by Marketing Decision Support Systems [J]. Tourism Management, 2003 (24).